一生懸命だからこそ
恥ずかしかった
20代のこと

赤面

くりぃむしちゅー
上田晋也

ポプラ社

前書

私は、子どもの頃から本屋さんに行くのが好きだ。今でも一番よく行くお店は本屋さんだと思う。

今までに、何千回と本屋さんに行っていると思うが、未だに本屋さんに行く時は、「今日はどんな出会いがあるんだろう?」と、高校の入学式に行くような気分、ん? いや、それは言いすぎか、高校2年生の2学期の12日目くらいの気分になる。

ここのところ、毎年本を出させていただいているが、本屋さんに行くと、新しい出会いとともに、つい前作『激変』や前々作『経験』がタレントのコーナーに並んでいるか探してしまう。

棚に並んでいれば並んでいたで嬉しいし、並んでいなかったら、売り切れたんだな、と思うことにしている。海砂利水魚時代にも何冊か本を出したことがあるが、最初に書いた本が店頭に並んだ時は、一つの夢が叶ったような気分になったし、連日いろんな本屋さんを回って、棚に並んでいるか確認しに行った。学園一のマドンナに会いに行くような気分、ん？　いや、それは言いすぎか、学園で11、12番目に人気の女子に会いに行くような気分だった。

初めての本を出版して間もないある日、ふと古本屋さんに入ってみた。これといって探していた本があったわけでもなかったが、いろんなコーナーを見て回っていたら、出版してまだ10日くらいしか経っていない、我々海砂利水魚の本が棚にあった。しかもサイン本！

著者名が海砂利水魚となっていたからだろう、タレント本のコーナーではなく、中国人著者のコーナーに置いてあった。

どうかこの本、しかもサイン本が出版早々に古本屋さんに置かれていませんように。そして、くれぐれも料理本コーナーに置かれていませんように。

そんなこんなで第3弾『赤面　一生懸命だからこそ恥ずかしかった20代のこと』。

目次

有田殺人事件

順位

～心を乱されるファンレター～

27、28歳の頃、とあるファンレターが届いた。女子高生からのファンレターだった。
「私は芸人さんの中で上田さんが一番好きです」

と書いてある。すごく嬉しい。読み進めると、

「私が『上田さんが一番好き』と言うと、周りの人は皆『えー、上田のどこがいいのー?』と言います」

と書いてある。まったく嬉しくない。しかし、この手のファンレターは意外と多い。芸人、いや芸能人あるあるだと思う。なぜこのようなことを書くのか、おそらく「私はあなたの魅力にちゃんと気づいてます。いえ、むしろあなたの魅力をわかっているのは私だけ!　だから私の存在をしっかりと認識して、私のことをインプットしてちょうだい!」

といった心理が働いていると思われる。

とはいえ、こんなことを書かれて喜ぶ芸能人はいない。ほとんどの芸能人が、人気者に

なりたくて業界に入ったのに、結果皆に嫌われている、という報告をされる。阿蘇山の噴火口ばりにヘコむだけだし、そんな伝えなくてもいいことを伝えたその人にもいい感情は持たない。マイナスしかない。

「ところで、イベントの仕事で名古屋に行かれることが多いと思いますが、くれぐれも気をつけてください」

この当時、『ボキャブラ天国』という芸人が多数出る番組が、世の中的にもそれなりにブームになっており、ネプチューンや爆笑問題を筆頭に、その番組に出ている芸人たちは、週末は必ずどこか地方のイベントに何組かで呼ばれ、どこの会場も大盛況であった。よく行く会場が名古屋で、名古屋の熱は特にすごかった。

「名古屋駅のホームで芸人さんたちの入り待ち、出待ちをしているファンが多いと思いますが、タチの悪いファンがいるので気をつけてください」

（何枚もしつこく写真撮ってくれ、サイン書いてくれ、とかそういうファンかな？　まあそれだけ応援してくれるのもありがたいけどね）

「入り待ち、出待ちをしているファンの子たちに『アンタ誰のファン？』と声をかけ、声をかけられた人が『○○さんのファンです』って言うと『○○の携帯番号売ってあげようか?』って言って、芸人さんの番号を売ってお金儲けしてる人がいます」

(へー、そうなんだ? それは確かにタチが悪いなー。そもそもどうやって携帯の番号調べたのかね?)

「最近そのせいで芸人さんたちのところにイタズラ電話とかがたくさんかかってくるらしいです。上田さんもくれぐれも気をつけてくださいね」

(あー、親切な子なんだ。どうやって気をつければいいのかはわからないけど、イタズラ電話がかかってきてるってことは、リアルな携帯番号なんだろうな)

「これからもずっと上田さんのファンです。面白い突っ込みでまた笑わせてくださいね」

便箋2枚にわたって以上のようなメッセージが書いてあった。文章はそこで終わっていたのだが、もう1枚便箋が同封されている。開いてみると、一番上のところに、

「芸人さんたちの携帯番号の値段を一覧表にしてみましたー」

(そうか、そうなんだ? 皆一律の値段じゃないんだ? そりゃそうか、人気の差があるからな)上から値段の高い順にズラッと芸人の名前と、その人の携帯番号の値段が書いてある。(この子もわざわざ芸人全員の値段調べたんだ?)

「1位　ネプチューン原田泰造　1万5000円」

（へー、泰造の携帯番号1万5000円もするんだ？　俺も知ってるから売ろうかな？）

「2位　ネプチューン堀内健　1万2000円」

（はー、1位2位ネプチューンかー。そりゃワーキャー言われるはずだわなー）

「3位　Take2東貴博　1万円」

（東っちも1万円するのかー？　っていうか俺はまだかな？）

　そのあともおよそ30人くらいの芸人の名前と値段が書いてある。確かネプチューンの潤ちゃんが6位とか7位とかで8000〜9000円、ウチの相方が8位とか9位辺りで7000〜8000円。U－turn土田晃之《てるゆき》がその次辺りで5000円くらいであったと記憶している。（っていうか俺はまだかな？）テトリスの長い棒より待ち遠しかった。（トップテンには入ってなかったかー。まあ、でもそろそろだろ）一つひとつ丁寧に目を下へとズラしていった。まだか？　値段も1500円とかになったぞ。泰造の10分の1だぞ。しかし、まだ出てこなかった。（なーんだ、このファンの子が気を利かせて俺のはランキングには入れなかったんだな）思った矢先、驚愕した。私は一番下のところに名前が書いてあった。

「最下位　BOOMER伊勢浩二、X－GUN西尾季隆《ひでたか》、海砂利水魚上田晋也　50円」

膝から崩れ落ちた。50円？？？　確かその当時、NTTの「104」で人の電話番号を教えてもらっても50円くらいだったと思う。もうNTTで聞いてくれ。俺、家の電話だけじゃなく携帯の番号も教えていいですって伝えとくから。

芸人たちの携帯の番号を調べた奴より、私にとってはこの子のほうが罪が重い。この子は本当に俺のファンだったのかね？　自分が応援している人を「最下位」って書いて送ってくるかね？　どれだけマイナスを重ねるの？　エクセルで計算してやろうか！

『ボキャブラ天国』に出演し、全国どこに行ってもチヤホヤされ、どの芸人も多少なりとも浮かれていたこの当時、私はこのファンレターのおかげで（こんなブームがいつまでも続くわけがない、ブームが終わった時に勝負が始まるから、今のうちから準備しておかないと）、と冷静でいられた。まったく浮かれずに、いや厳密に言うと、浮かれたくても浮かれられる要素がなく、牛久大仏《うしくだいぶつ》ばりに泰然自若《たいぜんじじゃく》、地に足着けていられた。

そう考えると、この子に感謝か。マイナスばかりでもないな。でも、こういうファンレターがほしいわけじゃないですからね。むしろいらない。もうこの年になって浮かれることもないし。

ちなみにその後、私の携帯にはイタズラ電話すらかかってこなかった。50円でも誰も買わなかったってこと？

統一

〜決して間違えてはいけない〜

20代前半の頃、同時期に3人の女性と付き合っていたことがある。そう、クズである。その当時にルンバがあったら、きっと私にぶつかっても進行方向を変えないくらい、いち早く回収しなければならないクズと思われただろう。ルンバの開発が遅かったのが喜ばしい。

偉そうに言うことではないが、3人の女性と同時期に付き合うのは大変だ。まんべんなく会うローテーションを組まなければならない。でも、それは慣れてくると月に1、2回ずつ、それぞれの女の子と会うペースができてくる。

大変なのはクリスマスイブだ。何せ3人と会わなければならない。

はて、どうしたものか？　私は午前の部、お昼の部、夜の部、と3部制に分けることにした。歌舞伎からいいことを学んだ。日本の伝統芸能から学んだことをクリスマスに活かす。これぞ和洋折衷。あんパン以来の絶妙なコラボ。

一人目の彼女とは「今日は3時から夜遅くまで仕事」と説明し、午前11時から2時までお昼ご飯を共にし、二人目の彼女には「今日は朝と、また夕方から仕事で、今空き時間」と説明し、3時から6時までティータイムを過ごし、三人目の彼女には「朝から今まで仕事だった」と説明して、7時過ぎから夜ご飯を共にした。

完璧なスケジューリング。あの時の私なら、大谷翔平選手のローテーションを組むことも上手にできたと思う。大谷翔平選手のデビューが遅かったのが恨めしい。

大変なのはスケジューリングだけではない。それぞれの子と、今までどこに行ってどんな話をしたか、ちゃんと記憶しておかなければならない。

ほかの子と行った場所の話でもしようものなら、それが蟻の一穴《いっけつ》どころか削岩機の大穴になってしまう。しかし、このハードルも、今の私には到底無理な芸当だが、この当時は記憶力には自信があったので、なんとかこなすことができていた。

一番ヤバかったのは、酒に酔った時やふっと気を抜いている時に、つい名前を間違えそうになることであった。違う子の名前を発するまではいかなかったが、すんでのところで飲み込んだことが何度かあった。（そのうち名前間違えそうだな。これはなんとかしないと）私が考えた方法は、３人の彼女に同じあだ名をつけて、あだ名でしか呼ばない、という方法だった。これならば言い間違えたり、ついほかの女の子の名前を呼んでしまうということはない。どう、クズの完全体でしょ？　この当時ピン芸人スギちゃんがすでに売れていたなら、私もその芸風をパクって、上下のデニムの袖と裾を切って「どうだい、クズだろう？」という芸風になっていたかもしれない。ただしまったく笑えない、ただのクズ話なので、ブレイクすることはなかっただろう。スギちゃんのブレイクが遅かったのが心嬉しい。

思いついた案を早速行動に移した。次の日に会った彼女は、ヒロミちゃんという名前で、皆からは「ミーちゃん」と呼ばれていた。（よし、「ミーちゃん」という呼び名で統一しよう）完全なる見切り発車である。方位磁石しか持たずに世界一周やり始めたようなものだ。私はそれまでヒロミちゃんのことを「ミーちゃん」と呼んだことはなかったが、その日「ミーちゃんさ、この間の～」などとわざとらしくない程度に3、4回「ミーちゃん」という呼び方を交ぜ、会うたびに回数を増やし、違和感をなくしていった。

「ミーちゃん」と呼び始めて4日目くらいには完全にミーちゃんを定着させた。まずは最初の任務完了である。

そして二人目の彼女。その子の名前はトモヨちゃん。この子のことは、トモヨだから「トミー」と勝手に呼び始め、それから徐々に「トミーちゃん」に変化させ、2カ月近くをかけて「トミーちゃん、トミーちゃん、……ミーちゃん」にもっていった。セカンドミッションも完了。

そして三人目の彼女。その子の名前はカオリちゃん。どうにか「ミーちゃん」にならないかと頭をしぼった。生レモンサワーばりにしぼったが、しかしなかなかいい案が思いつかない。

そんなある日、カオリちゃんと何をするわけでもなく、ただダべっていた。

「昨日は何してたの?」

「昨日お母さんとお買い物行って、お母さんがこのバッグ買ってくれたの!」

「へー、そうなんだ。かわいいバッグじゃん」

言いながら一つアイディアが浮かんだ。カオリちゃんは最近英語に興味を持ち始めて、つい先日英会話のレッスンを受け始めたところだった。これはチャンスかもしれない!

ここで勝負に出るしかない！

「カオリちゃん最近英会話始めたって言ってたじゃない？」

「うん」

「日頃から喋っとかないと上達しないよ」

「うん、そうだけど、なかなか喋る機会ないよね」

「じゃあ、今のをとりあえず英語で言ってみなよ」

「？？」

「『私は昨日お母さんと買い物に行きました』これを英語で言ってみ」

「えー、イヤだー、恥ずかしい」

「いいから、練習しとかないと上手くならないから」

「えー、んーと、I went shopping with my mother yesterday. えー、合ってるかわかんなーい」

「じゃあ、次『お母さんがこのバッグを私にプレゼントしてくれました』言ってみ」

「えー、んーと、My mother presented this bag for me.かな？　合ってるかわかんなーい」

（来たーーー、今だ！）織田裕二さんより先に「来たーーー！」と叫んだのは私だ。しかし、私は心の中で叫んだだけで、世に発信したのは織田裕二さんのほうが先だったのが、苦々しい。千載一遇のチャンス到来！　計算通りだ！　私は1週間餌をもらってなかった鯉ばりに大きく口を開いて餌に食いついた。

「for meって、お前はミーちゃんか！」

カオリちゃん、ポカーンである。いくらなんでも無理矢理すぎる。自分で英語で言ってみろ、と言っておいて、for meをミーちゃんって。勇み足すぎた。１５００年以上続くといわれている相撲の歴史でもおそらく類を見ない、両足勇み足。

カオリちゃんはまったくピンときていない。コンタクトレンズ付け忘れたカメラマンの映像ばりにピンときていない。いや、それはピントがきていない、だ。しかし、私も走りだしたからにはこのまま突っ走るしかない。そのあともカオリちゃんをからかうかのように「ミーちゃん」と呼び続けたが、5回目くらいに「ミーちゃん」と呼んだ時に、「ねぇ、ホントにやめて！」と、蜷川《になが わ》幸雄さんのダメ出しの厳しさで言われてしまった。

それ以降、カオリちゃんのことを「ミーちゃん」と呼ぶことはできず、あえなくミッションインコンプリートとなってしまった。もしこの当時、コウメ太夫が世に出てきていたなら、私も顔を白塗りにし、安物の着物姿で「チクショー！」と叫んだであろう。いや「チクショー！」は真似しなくても叫べるだろ。

その後は、トモヨちゃんはおろかヒロミちゃんのことも「ミーちゃん」と呼ぶのをやめ、元通りそれぞれの名前で呼ぶことにした。呼び間違えに恐れながら。どうだい、このエピソード、クズ、クズだろー？　しかも上ちゃん、この関係をそれからさらに1年以上続けてやったぜー。クズを超えてゴミだろー？　いえ、すいませんでした。この当時のこと、本当に反省してます。『天空の城ラピュタ』で「人がゴミのようだ」って言ってたけど、あれは私に向けられた言葉だと思っております。

予知 ～高尚な力～

20代の頃から、誰に話しても信じてもらえない話がある。奥さんも信じてくれない。私には予知能力がある。

たとえば、さほど思い入れのある歌でもない70年代や80年代の曲を何気なく口ずさんでいると、10分後にその歌がラジオから流れてきたりする。別にその時に流行っている曲でもなんでもない。でも、この程度なら誰しもあるだろうし、私もしょっちゅうある。

私の場合、もうちょいレベルが高い。ある曲を家で口ずさんでそれから外出し、30分後、信号待ちでふと隣を見ると、その曲を歌っていた歌手の方がハンドルを握っていたりする。

ほかにも、ふいに「子どもの頃○○って俳優さんよく観たけど、もう20年くらい観てないなー」などと考えたりして、テレビ局に行くと、その○○さんが別番組の「あの人は今」的な番組の収録でいらしてて偶然お会いしたり。

「そういえば、保育園時代××って奴いたな？　今何やってるんだろう？」と、40年ぶりくらいに熊本の子どもの頃の友達のことを思い出し、4、5日後に東京の、人でごった返す新宿に行った時、「えっ、晋也君?」と声をかけられ、(あー、テレビを観てくれている人なんだな。ん? でも晋也君って言い方はしないよな?)と思い、話を聞いてみると、4、5日前に思い出した保育園時代の幼馴染で、そのまま飲みに行ったり。

ネプチューンが司会をしている『あいつ今何してる?』に出演させてくれ、と頼んで、調査結果を待つより多分早い。とにかくこういうことが頻繁にある。

ただし、誰も信じてくれない、と言ったのは前記の話ではない。ここまでは皆信じてくれる。そして皆が合唱部ばりに口を揃えて言うのは、「別に予知能力ではないじゃん」ということ。思ったことがあとで実現するだけで、それが起こる、と予知したわけではない、と。

確かにその通りだ。おそらく世間ではこういうのを〝虫の知らせ〟というのだろう。私の中ではそれよりもっとレベルが高いというか、不思議度が高いというか、もっとレアな体験のような気がするのだが。(絶対にこれは予知能力なんだ、いつか証明してやろう)とその機会を窺《うかが》っていた。

20代後半の頃、地方の仕事があり、羽田空港に行った。搭乗手続きを済ませ、搭乗口前の席に座り、飛行機に乗り込むのを待っていた。米米CLUBの『浪漫飛行』を口ずさみながら。その時ふと思った。

（ん？　なんで俺は今『浪漫飛行』を口ずさんだんだ？　別に今流行っている曲でもないのに？　もしや予知かも？）

いつもは懐メロを口ずさむだけだったが、予知能力なんだという証明をなんとしてもしたい、と虎視眈々とチャンスを窺っていた時期だったので、なんとなく口ずさんだ『浪漫飛行』にも敏感になっていた。

（でも待てよ、ひょっとしたらその辺に米米CLUBのポスターが貼ってあったりして、それを無意識に見て口ずさんだのかも？）

と一度冷静に考え、その辺をプラプラ歩いて米米CLUBの風味がないか探してみた。しかし、どこにも米米CLUB要素はない。もちろん、空港内で『浪漫飛行』が流れているわけでもない。

（これは米米CLUBのメンバーが一緒の飛行機に乗っているとか、何かあるぞ。でも待てよ、仮に米米CLUBの誰かが乗っていたとして、カールスモーキー石井さんとジェームス小野田さんは認識できたとして、ほかのメンバーの場合、俺はわかるのか？　いや、果たしてノーメイクのカールスモーキー石井さんと、普段着のジェームス小野田さんは認識できるのか？）

そんなことを考えながら、搭乗口に戻り、カールスモーキー石井さんとジェームス小野田さんの二択に絞って、ターミネーターの首の振り方で標的を捜したが見当たらない。CAさんの「まもなく搭乗を締め切りまーす」という呼びかけが始まるまでなんとか粘ったが、二人は来ない。

（なんで来ないいんだよ！）

理不尽この上ない怒りをこらえながら機内に乗り込み、自分の席に着くまでしつこく二人を捜し続けた。しかしやはりいない。

（そうか、わかった！　機内で聴く音楽チャンネルで浪漫飛行が流れているに違いない！）

米米CLUBのメンバーに会うのと機内で流れている『浪漫飛行』を聴くのとでは、予知のレベルはだいぶ違うが、とにかく証明したいという一心で、前の席の背面のネットに入っている機内誌を急いで取り出し、機内エンターテインメントプログラムのページをめくった。しかし、音楽チャンネルのラインナップに『浪漫飛行』は入っていない。

(なーんだ、ただ口ずさんだだけか。まっ、飛行場だし、『浪漫飛行』口ずさんでもなんの不思議もないか)

そうそう上手くいくわけないよな、と思い直し、持参していた本を取り出して、読み始めた。飛行機が離陸して15分後くらいだっただろうか。CAさんが乗客に飲み物を配り始めた。そしてそれに続き、今はほとんど見かけなくなったように思うが、お菓子を配り始めた。なんの気なしに手に取ったお菓子は、まんじゅうの中に栗が入った和菓子で、パッケージにはこう書いてあった。

「マロン飛行」

(ビンゴーーーー!)

私が予知したのはこれであった。人に宣言はしていないが、自分の中では予知したことを証明できた、と愉悦に浸っていた。おそらく浮力の原理を発見した時のアルキメデスも、こんな気分だったと思われる。私も「ヘウレーカ、ヘウレーカ!!」と叫びながら、裸で機内を走り回ろうかと思ったくらいだ。

飛行機を降りるや否や、相方有田に「浪漫飛行事件」について丁寧に説明し、予知能力があることを熱く証明したが、有田は「………フッ」と鼻で笑い、写真週刊誌の袋とじを破くことに勤しんでいた。古市憲寿《ふるいちのりとし》と並ぶ冷めたリアクションに腹が立ち、殴りかかろうかと思ったが、くっついたページの中にある、目先の女体を見ることに頭がいっぱいのポルノ野郎に、私の高尚な先を見る力などわかり得るはずもないか、と優越感からくる心の余裕で思い直し、アルカイックスマイルで包み込んであげた。

しかしその後も、この話を聞いた人はもれなく「………フッ」と有田と同じようなリアクションを取り、それ以上は話を聞こうとせず、逆に私のことをアルカイックスマイルで包み込もうとしているように思う。

本当にあった出来事なのに、誰も信じてくれない。いや、ひょっとしたら信じるとか信じないとかじゃなく「オチがくだらねーよ！」と単に呆れているだけなのかもしれないが。でも、オチとかじゃないからね、本当にあったんだから。

始動

〜薔薇色のキャンパスライフ〜

21歳の5月、芸人活動を始めた。高校時代に芸人になろうと決めていた。ただその頃は「笑わせたいんであって、笑われるのはまっぴらゴメンだぜ」と考えていた。じゃあどうすれば笑われないか？　偏差値の高い大学に行って、元来はインテリであることを証明すれば、笑われないのではないか、と考え、ならば早稲田に行こう、と決めた。

今考えれば青臭いとしか言いようがない。「君青臭いねー！」と収穫前のキュウリに言われるくらい青臭い。偏差値の高い大学に行ったり、仮にインテリだったとしても笑われなくなるわけではないし、そもそも芸人なんて笑われてナンボの世界である。

今の私からすると、笑いが起こればどんな笑いでもいい。うすら笑い、愛想笑い、作り笑い、苦笑い、せせら笑いも大歓迎だ。いや大歓迎ではない。できれば普通の笑いがいい。

まあ、とにかくそんな理由で大学に行こうと思ったので、私にとっては早稲田入学がゴールで、学部もどこでもよかったたし、そもそも卒業する気などさらさらなかった。だから、早稲田大学教育学部の合格発表を見に行き、見事合格したことを早稲田大学構内の公衆電話から実家に電話し、ものすごく喜んでいるオフクロに代わって、普段電話など滅多に出ない親父が「よかったねー！　将来校長先生ば目指して頑張らなんたい！（よかったねー！　将来校長先生を目指して頑張らなきゃな！）」と、欣喜雀躍《きんきじゃくやく》する声を聞きながら（いや、俺学校の先生にはならないし。っていうか多分途中で辞めるし）と非常に申し訳なく思ったことを、つい33年前のことのように覚えている。

子どもというのは本当に勝手なものだ。親の気持ちなど考えやしない。高校3年間、まったく勉強せず赤点ばかりで追試、追試の末なんとか卒業し、高い授業料を払って予備校に行かせてもらい、ようやく受かった大学も卒業する気すらないなんて『鬼滅の刃』なら「上弦の鬼」に任命されても仕方がない。

だから今や親の立場になった私も、今後子どもが親の期待に反するような進路を取ったとしても、まったく怒れない。まあ、そもそも親の期待など親の勝手なエゴであり、子どもは親に感謝はしても、その期待に応える必要などまったくない。親の人生のやり直しのために子どもはいるわけではないのだから、仮に親が「自分はこういう道に進めなかったけど、お前にはその道を進んでほしい。今のお前の状況は幸せではないだろう？」と思っても、果たして子どもがその道を進むことが幸せであるかどうかは疑問だし、子ども自身が幸せだと思える人生を歩めばそれでいいのだが。

ただ、この33年前の電話のことは、本当に申し訳なく思ったし、大学入学で、真面目な社会人に向けていよいよスタートだ、と思っている両親と、不真面目な社会人に向けていよいよスタートだと思っている私との、方向性の違いをひしひしと感じていた。何せ同じスタート地点に立っているものの、背中合わせでまったく逆のゴールを目指しているのだから。

とはいえ、早々に芸人活動を始めるつもりでもなかった。私は保育園に通っていた5歳児くらいの頃から「早く大学生になりたい」と思い続けていた。というのも、ちょうどその頃大学生だった従兄《いとこ》がおり、その人に会うたびに「毎日楽しそうだなー、羨ましいなー」と思っていたから。今にして思えば、幼児に「楽しそう」と羨まれる大人ってなんだろう？　よっぽど無責任に人生を謳歌しているように見えたのだろう。おそらくこの当時の従兄の座右の銘は「パーリラ、パリラ、パーリラ、フッ、フッー」だと思われる。要するに私は、15年ほど前から薔薇色のキャンパスライフを思い描いていたことになる。

薔薇色のキャンパスライフを送るために、中学時代はそこそこ勉強し、高校時代はともかく、浪人時代の1年間もそれなりに勉強に打ち込んだと言っても決して過言ではない。

早稲田大学入学の日、入学式を終え「さあこれから従兄を超えるパリピになるんだ！」と熱い思いを胸に、私の楽園となるであろうキャンパスを歩いて回った。

至るところで学生が「○○サークルで一緒に活動しませんかー？」と新入生に声をかけ、それぞれのサークルの活動内容や新歓コンパの日程などを記したチラシを配っていた。ところが、である。誰彼かまわず声をかけ、チラシを配っていた学生たちが、私には誰一人として声をかけてこないし、チラシをよこしもしない。誰一人として。

未だになぜ誰一人声をかけてくれなかったのか、疑問でならない。しかしこの時は、夢、希望満タンの状態であり、それをマイナスのこととは捉えず、入学式のために初めて買ったスーツ姿が相当馴染んでおり、おそらく私のことを助教授だと思って声をかけてこないのだろう、それだけすでに学校に、いや東京に馴染んでいるのだろう、と納得し、構内に散乱しているチラシを一枚一枚拾い、50枚ほど集めたところで大隈重信公に会釈をし、帰路に就いた。

家に着くと、チラシを精査して、〝夏はテニス、冬はスキー〟などと書いてあるサークルを中心に、10枚ほどピックアップし、それぞれの新歓コンパの日程を調べ、片っ端から行ってみることにした。今振り返っても、ハタチそこそこの自分の行動力には、正直驚かされる。

元来人見知りの私は、そういった行動を一人でできる人間ではない。でもこの当時は「早く友達を作りたい！　彼女も作りたい！　とことん楽しみたい！」という気持ちに全力投球で、フワちゃんとどっこいくらいの逆人見知り状態であった。

最初に行ってみたサークルの新歓コンパ。私はかましにかました。新歓コンパの幹事や進行を務める3年生や4年生を次から次にイジりまくり、その場の笑いをかっさらっていった。

最初は「全身にギプスでもしてんの？」というくらいカタくなっていた新入生たちも、同級生の私が自由に立ち振る舞い、ガンガン笑いを取っているさまを見て、「東京最高！」という表情で、明るい大学生活を描き始めたように思われた。

2時間近く経ってそろそろお開き、一人2000円ほどの会費を徴収し始めた頃、幹事の3年生が「ちょっと来てくれる？」と私を手招きした。

おそらく「上田君、君のおかげですごく盛り上がったよ！　君が場を和ませてくれたから、新入生もリラックスして楽しんでくれたようだし、いい新歓コンパになったよ！　ぜひウチのサークルに入ってよ！　君は会費払わなくていいよ！」というようなことを言われるのだろう。私は「いえいえ、自分にできる当然のことをしたまでです。まあ、ほかにも『ウチに来ないか？』と言ってくれているサークルもあるんで、ちょっと考えさせてください。お代はもちろんお支払いしますよ」という返事をうっすら用意していた。

だが実際の会話は、「君、上田君っていったっけ？　申し訳ないんだけど、君ウチのサークルにはそぐわないからさ、ほかのサークルを探してくれるかな？」

「？・？・？・？………」

というものであった。まったく予想だにしなかった発言。人生でこれほど予想が外れたことは滅多にない。毎週末の競馬くらいだ。

「上田君、すごく面白かったー！　またねー！」

と、何人かの新入生の声を背に、信じられない思いを抱えながら、ショルダーバッグが2歩ごとにズリ落ちるくらいの撫で肩でトボトボと家路に就いた。

その当時の私には、どうしても理解できなかった。確かに皆笑っていた。私の言うことが百発百中ハマっていた。すごく盛り上がった飲み会だった。なのにあの結果。

私が出した結論は「あの幹事の器は台湾料理より小さかったんだな。自分より笑いを取る俺に嫉妬して、『もう来ないでくれ』って言ったんだな」というものであり、数日後、ほかのサークルの新歓コンパに行くことにした。

その新歓コンパでも同じように上級生をイジり倒し、「今、平成の喜劇王がここに誕生しましたー！」と号外が配られるんじゃないかというくらいのウケをいただき、我が世の春を謳歌していた。店内で流れていたバリバリのロックンロールも、私にはヴィヴァルディの『春』に聞こえていた。

今回もおよそ2時間、上田晋也単独ライブin高田馬場を終え、会費を集め始めたところで、その日の幹事ともう一人の上級生にこっそり呼ばれた。前回妄想した「上田君、君のおかげですごく盛り上がったよ！　君が場を和ませてくれたから……」のセリフがようやく聞ける。耳介《じかい》がグッと前にセリ出し、幹事たちの声をひと言も聞き漏らすまいと集中した。

「君、上田君っていったっけ？　悪いんだけど、君、ウチのサークルの空気に合わないから、ほかのサークルを探してくれる？」

前回とほとんど同じセリフであった。今回もまったく納得いかなかった。〝お尻を出した子一等賞＊〟くらい納得いかなかった。この幹事は言う相手を間違えているに違いない、と思ったが、もう一人の上級生も私を苦々しい表情でねめつけていた。（はぁー、まったくしょうがねえな。コイツらもドッカンドッカンウケる俺に嫉妬かよ。確かにこの幹事、妙にプライド高そうでイジられるのとか嫌がりそうだもんな……）2回目ともなると、前回ほどのショックはなく、早々にそう結論づけ、とはいえ落胆は隠しきれず、早稲田通りを下水道のように感じながら、伏目がちに歩き続けた。

そして、この新歓コンパに行く→上級生をイジり倒す→入部を断られる、というループは、このあと8回、計10回繰り返されることとなった。こうして、私が15年描き続けた薔薇色のキャンパスライフは、ゴールデンウイーク前には終わりを告げた。15年想い続けて成就しなかったことは、ほかにほとんど記憶にない。100万馬券を獲りたい、という願いくらいだ。

ゴールデンウイークの頃には、夢、希望はまったく残されていなかった。この当時に車を持っていたら、コスモ石油に行ってココロも満タンにしてくれ、とお願いしていただろう。何が〝都の西北♪＊〟だ！　何が〝かがやくわれらが行手を見よや♪＊〟だ！　俺の

＊山口あかり・作詞『にんげんっていいな』より
＊相馬御風・作詞『早稲田大学校歌』より

行く手、遮光カーテン引かれちゃったじゃねーか！　早稲田の校歌も私にはヴィヴァルディの『冬』に聞こえていた。

ただ一つ自分で自分を褒めてあげたいのは、10個のサークルから断られるまで、同じ行動をやめなかったその不屈の精神力。普通なら二つ目のサークルの新歓コンパで、同じ注意をされたら「あー、こういうのは求められてないんだな」とやめるはずだ。しかし、それを10回続けられる精神的強さ。同い年の花田虎上《まさる》さんが、第66代横綱昇進伝達式の口上で「堅忍不抜の精神で精進していきます」と述べていたが、堅忍不抜とはおそらく、私の新歓コンパでの不屈の精神を見習って言ったものだと思われる。


今、冷静に考えてみると、私は同じ失敗を繰り返してきたような気がする。芸人になりたての頃も、先輩に対して、自分なりにはギャグのつもりで失礼なイジリを連発し、しょっちゅう怒られたものだ。

先輩の付き人になった時に、一番徹底的に指導されたのも、言っていいことと悪いこと、言ってもいい場面と悪い場面、自分が言ってもいい状況かそうでないか、であった。

確かにこの頃は単に向こう見ず、怖いもの知らずであった。悪い意味で。毒舌芸と単に失礼との区別もつかず、目上の方に失礼なことばかり言っていた。

思い起こせば、幼児の頃からそうだった。近所のおじさんやおばさんたちに喧嘩を売り、小学校低学年の頃も、所属していた野球部で、上級生たちの試合中、応援席からずっと相手チームの選手をヤジりまくり、試合後その選手たちから睨まれたり文句を言われたりしていた。でも、チームメイトにはやたらウケていた。

そして残念ながら、芸風的には今も変わらない。やっていることは同じだ。ただ以前よりはそれなりに気を遣って、インコースギリギリ、デッドボールにしないようには気をつけているつもりだが。でも、そのうちコントロールが狂って顔面に当て、危険球退場になることもあるんだろうな。もはや持って生まれた性質だと思われる。

「目上の方に失礼なことを言う」というDNAが組み込まれているとしか思えない。ただし、親父やオフクロはそういう性格ではないから、突然変異である可能性が高い。そして幸いなことに、私の娘にも息子にもその性質は受け継がれてはいない。「目上の方に失礼なことを言う」という行為は、おそらく直らないだろう。この行為が唯一行われなくなるとしたら、それは私が地球上で一番年上になった時、つまり一番の御長寿になった時だけであろう。限りなくゼロに近いと思われるが。

今でこそ諦めというか、開き直りというか、冷静にそう受け止められるが、この新歓コンパの当時は、私の振る舞いが受け入れられなかったことにただただショックを受けた。「ほかのサークルを探してくれる？」。このセリフを聞くと今でも体がブルブルと震え始め、悪寒《おかん》が走る。思い出したくないあのいくつかの夜が思い出され、目を瞑《つぶ》ってもまんじりともできなくなってしまう。そうトラウマというやつだ。

ただ幸いなことに、10回目の新歓コンパ以来このセリフを聞いたことはなく、今でも体がブルブルと、と書いたが、震え始め悪寒が走ったことも、まんじりともできなくなったこともない。

いざ、芸能事務所

こうして、長年思い描いていた薔薇色のキャンパスライフの夢がついえた私は、予想より早く芸人として始動することになった。いや、厳密に言うと始動しようと思った。なぜなら、始動しようにもどうやって芸人になればいいのかがわからなかったから。

今なら芸人養成学校に行ってとか、いろんな事務所のオーディションを受けてとか、方法もいくつか浮かぶのだが、この当時はまだ東京にＮＳＣなどの芸人養成所のようなところもなかった。しかも熊本から出てきたばかりで、右も左もわからないどころか、上下東西南北過去未来もわからない。（多分、最初は劇団とかに入って、そこからソロ活動に入るんだろう）と、まったく見当違いの扉を開けけん、とスポーツやコンサート、演劇情報が網羅してある雑誌『ぴあ』を毎週見ながら、いろんな劇団の公演を観に行くことにした。

数えきれないくらいの公演を観に行ったが、どこも私がイメージしていた劇団と違う。ストーリーは感動的だが一切笑いのない劇団、前衛的な舞踏を延々繰り広げる劇団、意味不明な主張を泣きながら叫び続ける劇団などなど、どれも違う。

そんな日々が10カ月ほど続いた頃であっただろうか、雑誌『ぴあ』で次なる劇団を探していたところ、「コント山口君と竹田君」主宰の劇団の公演情報が載っていた。（あー、コント山口君と竹田君ねー。日テレの『お笑いスター誕生!!』で観てたなー。最近テレビで観ないけど、劇団とかやってたんだ？）と思い、どんな内容なのかまったくイメージは湧かなかったが、少なくとも泣きながら叫び続けられるようなことはないだろう、とジャッジし、観に行くことにした。

「新宿シアターモリエール」という劇場の席に着くと、いくつか別の公演のチラシとともに、コント山口君と竹田君主宰の劇団のお知らせの紙が入っていた。その紙には〝新人募集！　経験問わず！〟と書いてあった。（そうなんだ？　ここなら簡単に受け入れてくれそうだな。まあでも、入るかどうかは今日の芝居の内容次第だな）などと、横綱審議委員会メンバーのようなポジションを取り、お手並みを拝見することにした。

結果、面白かった。それまでに観たどの公演より面白かった。それまで観てきたのが、一切笑いのない劇団、前衛舞踏を繰り広げる劇団、泣き叫ぶ劇団などなどだったというのもあるが、その日の公演は笑いあり感動ありで、非常に上質なものを観せてもらった気分になった。（決めた！　ここに入れてもらおう！）〝新人募集〟と書いてある紙を大事に持って帰り、次の日、早速紙に書いてある連絡先に電話をしてみた。

「あのー、昨日公演に伺いまして、チラシに新人募集って書いてあるのを見てお電話しました。どうやったら入れますか？」

「ああ、そうですか？　でしたら、とりあえず履歴書を送っていただけますか？」

そんなやり取りを交わし、私は電話を切るや否や、吉祥寺に履歴書用の証明写真を撮りに行き、バイト雑誌を購入し履歴書を手に入れた。履歴書を丁寧に記入し、写真を貼り、明日朝一番にポストに入れようと思っていたその夜、電話が鳴った。高校の同級生、有田哲平であった。

「あー、晋也？　有田ばってん。久しぶりねー、元気しとんね？（あー、晋也？　有田だけど。久しぶりだね、元気にしてる？）」

「おう、久しぶりねー！　なんや急に？　どぎゃんしたっや？（おう、久しぶりー！　どうした急に？　何かあった？）」

「うんね、今下北で合コンしよったとばってん、いっちょんおもしんにゃーけん、お前んちでん行こかねーて思ち。（いや今さ、下北沢で合コンやってたんだけど、全然面白くねーからお前の家に遊びにでも行こうかと思ってさ）」

「ああ、そうや、ええばい（あっそう？　別にかまわないけど）」

「確か久我山ん住んどったど？　下北から一本で行かるっよね？（確か久我山に住んでたよね？　下北沢から一本で行けるよね？）」

「んん、んなら久我山ん駅に迎えに行くばい！（うん、じゃあ久我山の駅に迎えに行くよ！）」

およそ15分後に井の頭線久我山駅の改札を出た辺りで待ち合わせることにした。会うのはかなり久々であった。高校時代は同じラグビー部に所属し、一年で360日くらい顔を合わせていたが、高校を卒業して、私と有田はそれぞれ別の予備校に通うことになり、予備校時代一度だけ、高校時代から彼女ができたことがない私を不憫に思った有田が、女の子を紹介してくれたことがあったが、東京に来てからはそれぞれ別の友人たちと遊んでおり、接点はなく、1年近く電話をすることすらなかった。

お互いに素直な性格ではないため、久々の再会を別に喜びもせず、共にこっ恥ずかしさを隠しながら平静を装い、私は駅から自分の家とは反対方向に有田をいざなった。というのも、散らかり放題の貧乏アパートの有様を有田に見られるのが恥ずかしく、駅から反対方向に住んでいる、同じ高校のラグビー部に所属していた〝ブリーフ〟というあだ名の同級生の家に連れていくことにしたからだ。

ブリーフの家に到着するまでの3~4分、有田は今日の合コンがつまらなかった、という話を延々していた。冷静に分析すると、幹事たちの主要メンバーと馴染めず、女の子にもモテず、単にハジかれただけのように聞こえたが……。

ブリーフの家で久々の再会を果たした3人は、それぞれの学校はどうだ、バイトは何やってる、などの話で盛り上がった。2時間ほど話した頃だっただろうか、有田が不意に私にこう問いかけてきた。

「高校ん頃、俺んちでお笑いスタ誕ば観て『こぎゃんとに出ちゃーねー』って二人で言いよったたい？（高校の頃、俺の家で『お笑いスター誕生!!』を観ながら『こういう番組に出たいねー』って二人で言ってたじゃん？）」

「んん（うん）」

「マジで今お笑いやりとうしてたまらんとばってんね（マジで今お笑いやりたくってしょうがないんだけどね）」

「……………それマジで言いよっとや？（それマジで言ってる？）」

「うん、マジばい（うん、マジだよ）」

「お前がマジなら言うばってん、俺この1年近くずっとどぎゃんやってお笑いに入ろうかねて思て、やっと『ここにしょ』て思たとこんのあって、今日電話したら『履歴書ば送ってはいよ』って言われたけん、ちょうど明日送っところばい（お前がマジで言ってんなら俺も言うけど、俺この1年近くずっとどうやってお笑いの世界に入ろうかなって思ってて、やっと『ここにしよう』と思ったところがあって、今日電話したら『履歴書を送ってください』て言われたから、ちょうど明日送ろうと思ってたとこだったよ）」

「はぁ、マジや？？？（えっ、マジで？？？）」

「んん、マジばい！！！（うん、マジだよ！！！）」

「んなら俺も送っばい！（じゃあ俺も送るよ！）」

のちの「くりぃむしちゅー」結成の瞬間である。有田が「くそったれの大学生活にピリオド打ってやる」みたいに意気込んでいたのをよく覚えている。かく言う私も高揚していたと思う。

二人で腕をクロスして酒を飲まんばかりにテンションが上がっている時に、目の端に異物を捉えた。ブリーフだった。この時の私と有田にとっては、「お前なんでここにいるの？」という感じであった。この部屋の住人なのに。こっちが勝手に押しかけているのに。なんとなく気まずくなった私たちは、ブリーフにも「お前もお笑いすっや？（お前もお笑い、やる？）」と聞いてみた。

「いやー、俺はよかばい（いやー、俺はやめとくよ）」

ブリーフは「ご自由にどうぞ」的なトーンで、こっちがリオのカーニバルばりに熱くなっているのに、一人で青山墓地ばりに冷めていた。もし、この時ブリーフが首を縦に振っていたら、我々はトリオになっていたかもしれない。

こうやって私と有田は、二人でお笑いの世界に飛び込むことになったのだが、冷静に考えると、私も有田もお笑いに飛び込むきっかけになったのは「コンパでハジかれたから」にほかならない。あらゆるジャンルのコンビ史上最も情けない結成のきっかけかもしれない。

次の日、再び吉祥寺に行き、有田の証明写真と履歴書を揃え、二人の履歴書を同封してコント山口君と竹田君の事務所に郵送した。

1週間後くらいに私の家に電話がかかってき、月末に面接に来てほしい、と言われた。私は有田にもそのことを電話で伝え、そのあと本屋に行き『面接の達人』という、主に就職活動をする人が面接で失敗しないように読むためのマニュアル本を本屋へ立ち読みに行った。これまた愚かな行動である。今であれば漫才なりコントなりネタを作って、いわゆる〝ネタ見せ〟に行くという発想になるのだが、この時はそういうシステムがあることも知らず、いかにやる気があるか、そしていかに真っ当な人間であるかを面接で証明しなければならない、と考えていた。真っ当でない世界に飛び込もうとしているのに。

面接当日、私と有田は申し合わせて入学式の時に作ったスーツを着て出向いた。着慣れないスーツ、そして人生を左右するかもしれない面接とあって、軽い素材のスーツがウエットスーツのように息苦しく感じられた。指定された喫茶店に行くと、私と有田以外にもあと二人面接に来ていた。

私と有田は、確かその当時の『面接の達人』に書いてあった「お辞儀は30度くらい前傾する」や「荷物を椅子の脇に置いて座る」や「出されたコーヒーに手をつけてはいけない」などを遂行し、「御社の社風に惹かれ志望しました」とたどたどしく答えた。こういうスタイルでお笑い芸人の事務所に入ってきたのは、おそらく私と有田だけではないだろうか？　何度も言うが、お笑い芸人の事務所に入るためには、面白いネタを作って、客前でウケて、そういった姿を見せてようやく事務所に入る、という流れなのである。会社の面接とかとは全然違うのである。光栄の至りと公営ギャンブルに入り浸りくらい違う。

しかしながら我々は、「じゃあ、明日から見習いとしてしばらく来てみなさい」と言われた。理由としては、一つはその当時事務所に雑用係的な人材が不足していたこと。もう一つは、私たち以外に面接に来ていた二人があまりにダメだったこと。

そのうちの一人は、面接官の「どういう芸人になりたいですか？」との質問に、「私は役者になりたいと思っていますので、私が希望する事務所はこちらではないと思います」

と、自ら志願して来たにもかかわらず、自ら辞退するという錯乱ぶりを見せていたし、もう一人は、「年齢は35歳ですか？　普段は何やってますか？」との質問に「パチプロっす。先週パチンコでけっこう負けて、『何かつまんねーなー、面白ぇことねーかなー』って思って、お笑いとか面白そうって思って来てみたんす。お笑いってケッコー稼げるんしょ？　たけしとか稼いでるんしょ？」と、「お前はホントにダメな奴だな」って、のび太に言われるくらいのポンコツぶりを、ものの10秒で見事に表現していた。

お笑いの面接としては、まともな人間が誰も来ていないその日の面接で、ズレてはいるが、一番まともな方向にズレている私と有田に、人手不足補充の命がくだったのだと思われる。

最初の2カ月くらいは、コント山口君と竹田君たちのライブの稽古を見ながら、弁当の買い出しに行く、というのが主な雑用であった。初めて弁当を買いに行った時、確か先輩芸人方が10人くらいいたと思うが、コンビニで10種類の弁当を買ってくるように言われた。

言われた通り買って稽古場に戻ると、先輩たちが自分が食べたい弁当を「せーの」で指差し、二人以上かぶったらジャンケンでその弁当の獲得権を争う、というゲーム形式で選び始めた。（普段はもっといいもの食べてるんだろうけど、稽古中だから仕方なくこんな弁当で我慢してるんだろうな。無理矢理ゲーム形式にして、テンション上げようとしてるんだろうな）と思って見ていると、皆一様に「うまい、うまい」「この弁当最高だね」と満面の笑みを浮かべて食べていた。

その様子を見て（えっ、ウソだろ？　芸能界ってもっと夢のある場所じゃねーのかよ？　俺たちでさえさほど美味しいと思わないような弁当を、最後の晩餐かのようにありがたくいただいてるぞ）と、初日から夢を砕かれたのを覚えている。別にコンビニの弁当をバカにしているわけではないし、食べ物をありがたくいただくことはもちろん正しいのだが、その時の私は、芸能界の人たちは毎日のようにナイフとフォークがいっぱい置かれたテーブルで、ワイングラスを揺らしながらディナーを楽しんでいるのだろう、くらいに思っていたので、多大なるショックを受けたわけである。

「何か俺が思い描いてた世界と違うわ」と有田に呟くと、有田も軽くうなずいていた。

雑用係に任命されておよそ3カ月、先輩たちの稽古を見学し、なんとなく雑用をこなし、空いた時間でバイトをしながら、二人でネタを作るという日々を過ごしていると、コント山口君に「来月のライブに出てみろ」と言われた。

私の腹づもりとしては10年近く下積みをやって、それからようやくデビューさせてもらえるのかな、くらいの長期スパンで考えていたので、かなりのスピード出世だ。体感としては歌舞伎役者のお子さんより早いデビューだ。

下積み10年？　今にして思えば随分のんびりしていたものだ。やってらんない。よくそんな覚悟があったものだ。埋めたタイムカプセルを翌日掘り起こすくらいせっかちな私の考えだったとはとても思えない。この当時は、千年杉の観察日記を書くくらいの意気込みがあったのだろうか。

理想のコンビ名

私と有田が最初に作ったネタは、路上で女の子をナンパする、というものであり、この当時は私がボケ、有田が突っ込みであった。元々ボケをやりたかった私と、「俺にボケは無理だよ。俺は突っ込み向きだから」と言う有田の分析とが合致してその形になった。

とはいえ、まだボケとはどのようなものなのか、突っ込みとはいかなるものなのか、何もインストールされていない状態。初めて作った漫才も「確かテレビで観た漫才ってこんな感じだったよな?」くらいの感覚で作っていたため、ボケはほぼダジャレだけ、突っ込みは「バカ野郎!」「お前はバカか!」「バカじゃないんだから!」の3種類、いや実質1種類だけであった。

ちなみに有田は「バリエーションのある突っ込み」と自画自賛していた。が、初舞台は大ウケであった。やっぱり自分たちは天才なのであり、『桃太郎電鉄』の新作ばりに即売れる、と確信していた。

その当時売れている芸人が、まず起用されるお昼の人気番組『笑っていいとも!』のレギュラーは、来月くらいには決まるもの、と本気で思っていた。

今、冷静に考えてみると、初舞台でウケたのも、ほかの出演者はコント山口君と竹田君、モロ師岡《もろおか》さん、楠美津香《くすのきみつか》さんといった15年以上舞台を踏んできた、かなりキャリアのある諸先輩方だけ。一方、何もわかっていない大学生二人によるダジャレ中心のネタで、演じ方もピシッっと立ってることすらできないお遊戯レベル。しかも出番は、先輩方数組がネタを終わったあとの真ん中くらいの順番。否が応でも比較されてしまうわけだが、完成度でいえばモスバーガーと挽き肉くらいの差。そのあまりのお粗末さに呆れて笑われていただけだと思う。
お粗末だったのはネタやその振る舞いだけではない。なんと我々はコンビ名すら考えていなかった。舞台に出て「名乗るほどのものではございません」とでも言うつもりだったのだろうか？　いや、有名になりたいんだから名乗れ。そんな状況でいよいよ初舞台直前、コント山口君と竹田君のお二人が、我々のことをお客さんに紹介してくれた。

山口さん「えー、ここで今日は新顔を紹介したいと思います。3カ月くらい前からウチで預かってる大学生二人組がいまして、その二人の初舞台になります」
竹田さん「舞台袖でかなり緊張してるんでしょうねー」
山口さん「んー、アイツらイマイチ感情が見えないんだよなー。覇気がないというか」
竹田さん「確かに若者らしいハツラツさがないですよねー」
山口さん「よし、アイツらまだコンビ名も決まってないようだから、せめてコンビ名だけでも元気のあるやつにしよう！」
竹田さん「元気のあるコンビ名って何がいいですかねー？」
山口さん「そうだな、今一番活力があって、元気なのは島原の火砕流だろ？　よし、コンビ名は島原火砕流土石流にしよう！」
竹田さん「元気の意味が違うでしょ！　あれは火山が噴火してるんですから！」
山口さん「いや、それくらい活発に活動してほしいって意味で、不謹慎なのはわかってるよ！」

SNSはおろか携帯電話もない時代。その場にいる100人くらいのお客さんにしかバレないとはいえひどい話である。

しかし、こうやって私と有田は、「島原火砕流土石流」として初舞台を踏むことになった。

有田が「どうもー、島原火砕流でーす！」と先に紹介したので、それに続き私が「島原土石流ですー！」と名乗った。初舞台の結果は先ほども書いた通りかなりウケた。

次の日、近々『笑っていいとも！』のレギュラーが決まるのだから、このコンビ名では困ると思い、コンビ名を変えてくれるようにお願いをした。さすがに「『笑っていいとも！』のレギュラーが決まりますんで」とは言わなかったが。山口さんは「わかった」と神妙にうなずき、違うコンビ名を考えてくれることになった。

次の月、我々のコンビ名は「島原雲仙岳《うんぜんだけ》普賢岳《ふげんだけ》」になった。

二度目の舞台の次の日、我々はまた改名を申し出た。今回も「『笑っていいとも！』のレギュラーが決まりますんで」とは言わなかった。なぜなら嫉妬されると思ったから。でも「このコンビ名じゃテレビに出られないんで」とは言った。山口さんは「お前らのレベルでテレビなんか出られるかー！」とは言わず、ただただ口をポカーンと開けていた。おそらく『ＯＮＥ ＰＩＥＣＥ』のブルックのモノマネを練習していたのだと思う。時代的におかしいけど。

次の月もライブに出していただく予定だったのだが、親父が倒れて緊急手術、急遽、私が熊本の実家に1カ月ほど帰り、家業の手伝いをしなければならなくなった。親父の病名は「痔」。大病でもなんでもなく、ちょうど大学在学中だった私の夏休みでもあり、多少家業を手伝いながら呑気に熊本で過ごしていた。それにしても痔というのは倒れて緊急手術するような病気なのだろうか？　痔の最高峰だったのだろう。この日から家族内では親父はベスト痔ーニストと呼ばれている。

熊本でのんびり過ごし始めて2週間後くらいだっただろうか、有田から電話がかかってきた。

「あんたー、今日山口さんがねー、『お前たちんちゃんとしたコンビ名ば考えたけんどっか選べ』ち言われたとばってんたー、いっちょが〝ゼニガメ〟、もういっちょが〝キャンディポット〟、んでもういっちょが〝海砂利水魚〟てばい（あのさ、今日山口さんから『お前たちの正式なコンビ名を考えてきたからどれか選べ』って言われてさ、一つが〝ゼニガメ〟、ってでもう一つが〝キャンディポット〟、ってでもう一つが〝海砂利水魚〟、だって）」

「なんやそら？　全部ダシャーねー（なんだよそれ？　全部ダセェなー）」

「そぎゃんつたい、だけん『おっだけじゃ決められんけん、上田にも聞いちみてよかですか？』て言うてごまかしたっばってん、どんもいやよね？（そうなんだよ、だから『自分だけじゃ決められないんで、上田にも聞いてみてもいいですか？』って言ってごまかしたんだけど、どれも嫌だよね？）」

「そらそぎゃんだろたい。………ぎゃんなったら自分たちでつけちゃー名前考ゆっや？（そりゃ嫌だよ。………こうなったら自分たちでつけたい名前考えるか？）」

「しゃんね、そぎゃんすっばい！（いいね、そうしよう！）」

こうなったら、でもなんでもない。対処が遅すぎる。熱42度になってからのパブロン、みたいなもの。最初から自分たちで名づけろ、という話。

ようやく気づいた私たちは、後日東京で合流した時に一緒に考えよう、ということになった。詳しいことは次の単行本第4弾で書くかと思うが、お互い最初に会話した内容がプロレスの話だったし、大のプロレスファンだったため、プロレスの技の名前をコンビ名にするのはどうか、ということでバックドロップかブレーンバスターがいいね、と二択に絞った。どっちか決まったら山口さんに報告しよう、と考えていたある日、山口さんから「お前らコンビ名、あの三つから選んだか?」と聞かれた。

自分たちがつけたい名前もまだ迷っている状態だったので「えっ、いや、あのー、そのー……」とオシッコを言い出せない幼稚園児ばりにモジモジしていると、「じゃあいいや、お前たちは〝海砂利水魚〟に決定! これな、落語の『寿限無《じゅげむ》』に出てくるめでたい名前なんだぞ。これ正式決定な!」と一方的に通達され、その後10年間をこのコンビ名で活動することにあいなった。

考えてみたら、私と有田は一度も自分たちでコンビ名を決めたことがない。島原火砕流土石流→島原雲仙岳普賢岳→海砂利水魚は山口さんに、そして「くりぃむしちゅー」はウッチャンナンチャンの内村さんにつけられた名前である。
細木数子先生に「くりぃむしちゅーなんてコンビ名じゃすぐに仕事なくなるから改名しなさい！　私が考えてあげるから」と言われ、提示されたコンビ名「グリーン&ピンク」はさすがに固辞したが……。先生の中では私がグリーンで有田がピンク、というところまで決まっていたらしいが。

さて、この「海砂利水魚」というコンビ名、落語に親しんでいる年配の方は覚えやすかったのかもしれないが、同年代や若いお客さんにはなかなか浸透しなかった。ライブのアンケートやファンレターでもちゃんと海砂利水魚と書いてくれる人はほとんどおらず、ちょっと間違えた〝海砂利水漁〟や〝貝われ水魚〟、まだコンビ組みたてにもかかわらず〝解散水魚〟なんてのもあったし、中には1文字も合っていない〝回転木馬〟というものまであった。「ファンがコンビ名を書けないはずはないだろう?」と思われるかもしれないが、意外とそういうファンレターは多いものだ。今でも、正式には「くりぃむしちゅー」なのだが〝クリームシチュー〟や、〝くりーむしちゅー〟、中には〝シュークリーム〟という表記もあるし、個人名も「上田晋也」ではなく〝植田晋也〟さんや〝上田真也〟さんや〝上田普也〟さんもある。中には〝前田〟さんと書いてあるものもあったりして、果たして本当に応援してくれているのだろうか、と思わなくもないが、わざわざ労力や切手代を使ってファンレターを送ってくれているのは本当にありがたいと思うし、その人に会うことがあれば、最初から最後まで〝前田〟としてお送りするつもりはある。

初めての営業

「海砂利水魚」になっておよそ1カ月後くらいだっただろうか、初めて地方営業の仕事に行った。確か群馬か栃木辺りだったと思うが、その仕事が敬老の日のイベントで、およそ1500人のおじいちゃんおばあちゃんの前で30分のネタを披露するという仕事であった。30分といわれても、自信のあるネタは、お客さんにウケた、と勘違いしている初舞台の5分のネタしかないし、しかもそのネタもナンパという、おじいちゃんおばあちゃんにはまったくそぐわない種類のネタであった。

しかし、自分たちのことをレオナルド・ダ・ヴィンチ以来の天才だと勘違いしまくっていたイケイケの我々、「まあ、軽くトークでもして、客イジりして、十八番《おはこ》のナンパネタでもかましゃドッカンドッカンでしょ」と、コロナ患者とディープキスできるくらいの怖いもの知らずの状態、自信満々に現地へと赴いた。

現地に着くと、インターネットも何もない時代、おそらく現地のイベントスタッフもどういう芸人が来るのかなんの情報も持っていなかったのだろう、海砂利水魚という漢字5文字の古めかしい名前、師匠クラスの芸人が来ると思ったのか、楽屋の入り口には「海砂利水魚先生」と書いてあった。まだ2回、トータル10分くらいしか舞台に立ったことのない芸人を先生呼ばわり。しかし、私も有田もその先生呼ばわりをバカにして笑うでも、恥ずかしがるでもなく「やあやあ、どうも」くらいの感じ、総理大臣が首相官邸に入る時に記者の人たちに手を挙げる感じで、これまた師匠クラスの芸人のために用意されたであろう豪華な楽屋に入ってドッカと腰を下ろした。

お客さんを30分楽しませるというのは非常に大変なことだ。50歳手前までやっていたトークライブでも「ちゃんと楽しませられるかな」と毎回不安だった。が、この初めての営業の時は、なんであんなに自信満々でなんの不安もなかったのか、不思議でならない。おじいちゃんおばあちゃん1500人を相手に、5分のネタ1本、しかもナンパのネタ。水鉄砲で戦場に向かうようなものだ。要するにそれだけ舞台をナメきっていたということにほかならない。フジテレビ社屋のシンボルと言ってもいい、あの球体くらいの大きさのチュッパチャプスであっても、30分でナメ終えるくらいナメきっていた。

出番の時間になり「さあ、じゃあ笑わせてきますか」くらいのテンションで、我々は舞台へ歩を進めた。

我々の自信、余裕、夢、希望といったものは、ものの2~3分でもろくも破れ去った。猫10匹飼ってる和室の障子くらいあっさりと破れ去った。何を喋っても、お客さんをイジっても何一つウケない。最後の拠り所、伝家の宝刀ナンパのネタに入ったが、当然のごとくウケない。むしろ一番ウケない。伝家の宝刀がペーパーナイフ。冷や汗どころではない。永久凍土汗と言っていい状況。

本番前はあれだけ柔和に見えたおじいちゃんおばあちゃんが、今では1500人のゾンビに見える。いや、そのー、ほとんど死人に近いからゾンビ、とかそういう意味じゃなくてね、そのー、逃げ出したくても逃げられない、しかもその数がおぞましい、って、そういうような意味でのゾンビってことね。こんな誤解を招くような例えしなきゃよかったよ。まあ、とにかくウケない。1500人全員『ザ・イロモネア』の審査員に選ばれてんのかな、と思うくらいウケない。

10分が経過した頃には、私と有田の目的、目標は「笑わせよう」から「なんとか生きて30分過ごそう」に変わっていた。持ち時間の30分をただただやり過ごすために、おじいちゃんおばあちゃんにリクエストを募って童謡を歌ったり、「そんなバナナ」レベルの、お笑いの歴史的には紀元前くらいのクソ古臭いダジャレを言ったりして、なんとか30分を耐え、這《ほ》う這《ほ》うの体《てい》で楽屋に逃げ込んだ。

しばし茫然自失の有田と私。どちらからともなく、

「きょ、今日ん客層は、お、おったちがねろとる客層じゃなかけん、い、いっちょん問題にゃーとじゃにゃーかね?(きょ、今日の客層は、お、俺たちが狙ってる客層じゃないから、ま、まったく問題ないんじゃないかね?)」

「お、おう、ちゅーかウケんほうが、よ、よかとじゃにゃーかて思うばってんね(お、おう、むしろウケないほうが、い、いいんじゃないかと思うけどね)」と強がってみたものの、二人とも全盛期のモハメド・アリとジョージ・フォアマンとマイク・タイソンに同時にラッシュかけられたくらい打ちのめされていた。

私も有田もそれっきり口を開くことなく押し黙っていると、会場のほうからおじいちゃ

んおばあちゃんの歓声や大拍手とともに、我々が夢見ていたドッカンドッカンの笑い声が聞こえてきた。どうやらイロモネアの審査員には選ばれていなかったようだ。再びどちらからともなく、

「ウケとんねー……（ウケてんなぁ……）」

「……うん（……うん）」

自分たちの情けなさを全身で受け止め、さすがトリを飾るメインの演者は違うなぁ、と素直に白旗を掲げ、勉強しに行こうと二人で舞台袖に駆けつけた。舞台を覗くと、なんとメインを務めていたのは、その当時人気を博していたウーパールーパーであった。一匹のウーパールーパーが水槽に入れられ、それをおじいちゃんおばあちゃんたちが代わる代わる舞台に上がっては眺め、「わー、かわいい、アハハ」と笑い声をあげ、拍手を送っていたのであった。

そう、我々海砂利水魚はウーパールーパーの前座だったのである。そして私と有田二人の哺乳類は、両生類一匹に笑いでボロ負けしたのである。ウーパールーパーの楽屋、というか水槽にこそ「ウーパールーパー先生」と書くべきだ、と思った。

両生類に負けたこの日から、今でも哺乳類としての自覚はあまりない。もう二度とあんな目には遭いたくない。あの日のことをもう一度経験させられたら、即死する自信がある。しかしながら、私と有田のなんの根拠もない自信や天狗の鼻を根本からへし折ってくれたことには深く感謝している。

デビュー早々に「俺たちがナンボのもんじゃい」と知らしめてくれ、『笑っていいとも!』のレギュラーなんて今の我々にはとんでもない、と気づかせてくれたのもウーパールーパーである。そういう意味では、我々の一番の師匠はコント山口君と竹田君ではなく、ウーパールーパーだったのかもしれない。

人生の岐路

事務所預かりになって1年ちょっと経った時、山口さんが神妙な顔で我々に話しかけてきた。

「お前たち、今のまま大学に行きながら芸人やってても、学業も芸人のほうもどっちも中途半端になるぞ。もし、将来芸人としてやっていきたいんなら、学校辞めて芸人一本に絞ったほうが、学べることも多いだろうし、とはいえお前たちはいい大学に行ってるんだから、ちゃんと卒業して、もしその時にやっぱり芸人やりたいんなら、それから芸人になってもいいだろうし。とにかく今の状態が一番よくないと思うぞ」

どうしようか、一晩考えた。

結果、学校を辞めたら辞めたで「卒業しとけばよかったなー」と後悔するだろうし、辞めなかったら辞めなかったで「早く芸人一本に絞っとけばよかったなー」と後悔するだろう。いずれにしろ後悔するんなら、今やりたいほうを選んだほうがいいんじゃないかと考え、学校を辞めて芸人一本に絞ることにした。

ちなみに、今でも迷った時はその時にやりたいことを優先する、という考えに基づいて動くことにしているし、幸いなことに大学を辞めたことを後悔したことは一度もない。多分これからもないだろう。

早速その夜実家に電話をした。オフクロが出た。

「あー、晋也ね？　なんね？（あー、晋也？　どうしたの？）」

「俺学校やむっことにしたけん。だけん後期の学費は払わんでよか（俺学校辞めることにしたよ。だから後期の学費は払わなくていいから）」

「なんば言いよっとね！　ちゃんと卒業はしなっせ！（何を言ってんの！　ちゃんと卒業はしなさい！）」

「もう決めた！　学費はろうたっちゃどうせ行かんけん、無駄になっだけばい！（もう決めた！　学費を払ってもどうせ行かないから、無駄になるだけだからね！）」

一方的に言うと電話を切った。何時間話そうが私の意志は変わらないので、これ以上話しても意味がないとも思ったたし、これ以上オフクロの懇願する声、悲しむ声を聞きたくない、と思ったのもあった。高校3年間まったく勉強せずに1年浪人させてもらって、ようやく入った、入学金や学費の高い大学をあっさり辞めて、まったく先の見えない芸人になるという親不孝を深く10分ほど反省し、スヤスヤと安眠した。

次の日の午前中、ボロアパートのドアをノックする音が聞こえた。「三年寝太郎」の実写版かと思われるほど気持ちよく寝ていたところを起こされ、ものすごく不機嫌に玄関のドアを開けると、そこにはオフクロが立っていた。（全力で大学中退阻止に来たな）何を言われようが、どれだけ泣きつかれようが、芸人になりたい自分の思いの強さを伝え、すべて論破してやる、と平成の〝ひろゆき〟になろうと固く決心した。いや、ひろゆきさんも平成にいたし。

しかし、オフクロは大学中退うんぬんの話を一切しない。「ちゃんと食べよるね？（ちゃんと食べてる？）」とか「バイトはどぎゃんね？（バイトはどんな感じ？）」とか当たり障りのない話しかしない。逆に辛い。

大学を辞めるな、とか芸人なんかになってくれるな、とかの攻撃をしてくれれば、こっちはいくらでも迎え撃つバズーカ砲も、さらにはパトリオットミサイルも装備しているが、攻めてこられなければ、それらの武器もまったく意味をなさない。でも、オフクロの言いたいことは痛いほどわかるだけに、これは精神的にかなり辛かった。

その日は、ずっとそんな感じであった。会話も山奥の旅館の煎餅布団ばりに弾まず、久々のオフクロの手料理は、その日の私にはほとんど味もせず、歩いて5分くらいの銭湯に二人で行き、帰って寝ることになった。（なんで「大学辞めるな！」とか「頼むから卒業してくれ！」とか言わないんだよ？　頼むから言ってくれよ！　言ってくれないほうが辛いよ）何時間もそんな思いを抱えながら、床に就いた。どうせ言っても言うことを聞かない私の性格を一番わかっているオフクロは、半ば諦めた上で東京に来たのだろう。

次の日の朝、オフクロはせっせと熊本に帰る準備を始めていた。午前中からバイトのあった私は、羽田まで送れない旨を伝えると、玄関口でオフクロはこう言った。

「このままじゃ私の気が済まん！　ビンタ一発打たせなっせ！（このままじゃ私の気が済まない！　ビンタ一発させなさい！）」

子どもの頃から、オフクロにぶたれた記憶など一度もなかった。そんなことを言ったのもこの時だけだ。わざわざ東京に来たにもかかわらず、ひと言も「大学を辞めるな」とは言わなかったオフクロの、せめてもの思いのぶつけどころだったのだろう。ビンタ一発くらいは仕方ない。いや、ビンタ一発で許してくれるのであれば、ありがたいことこの上ない。申し訳なさすぎるくらいだ。オフクロが雇ったチンピラ数人にボコボコにされても仕方のないくらい身勝手な行動を取っているのだから。

私は何も言わずオフクロを見た。オフクロは意を決したように右手を振りかぶった。てっきり学校の先生になるだろう、と期待していた息子に裏切られた、これから息子はどうなるんだ、浪人から大学生活に至るこの数年の経緯はなんだったの、いろんな思いを込めたオフクロの、魂のビンタが飛んできた。

左の頬が弾かれる、と思ったその瞬間！　子どもの頃からのボクシングファンで、オフクロが訪ねてくる前日も、80年代最高のボクサー、シュガー・レイ・レナードの試合を観ていた私、ビンタを喰らう、そのすんでのところで、首から上の部分を後ろにスッとズラし、オフクロのビンタを避けてしまった。まさかのスウェイバックでのディフェンス！　オフクロはたった一発の、思いを込めたビンタすら果たすことができず、真っ赤な目に涙をためて、私に背を向けて駅へと向かっていった。

あの時、ああしとけばよかった、なんであんなことをしてしまったんだろう、と思うことは誰しもあるだろう。私にとっては、この時のディフェンスがまさにそれである。今となっては、オフクロにあの時のビンタをしてくれ、と改めて言うのも違うし、解決方法が見当たらない。

万が一オフクロが「ビンタさせろ！」と言ってきたら、その時は左の頬だけじゃなく、右の頬も差し出すつもりだ。その時は、どうか反射的にスウェイバックしたり、ブロックしたりしませんように。要するに私が一番言いたいのは、反射神経は自分でコントロールできないから怖い、ということである。ビンタをもらいたい、と思うことなど基本的にはないが、猪木さんのビンタとこの時のオフクロのビンタだけはもらっておくべきだったなと、ものすごく後悔している。

こうして私は大学を辞め、本格的に芸人としてやっていくことにした。しかし、有田に「一緒に学校辞めようぜ」とは言わなかった。どうなるかわからない道に人を巻き込むのはよくないし、その責任も取れないと思ったから。それは、事務所に履歴書を送る時も同じだった。自らお笑いの話はしなかったし、有田がやりたいと言い出したから、じゃあ一緒に、という流れになったのであって、ほぼ光明の見えない世界に人を引きずり込むのは、無責任極まりないことだ、と考えていた。

この当時の私は真面目だったんだな、と思う。今なら(誰かしらを天国だとダマして地獄に付き合わせよう)と考えるが、この時はそんなふうには考えなかったし、初舞台に至るまでの下積みを10年やる覚悟を決めていたり、今の私とは随分考え方が違ったんだな、と思う。一説によると、7年周期で人の細胞のほとんどは変わるらしいが、それを4回ほど繰り返してまったく逆の人間になってしまったらしい。非常に残念な変態をしてしまった。

たまに考えることがあるのだが、もし、あの日、有田がお笑いをやりたいと言い出さず、私一人で芸能界に飛び込んでいたらどんな芸風になっていたのだろうか? 20代の頃の私は、「俺がケツ出しゃしまいよ」が決め言葉で、何かと言うと素っ裸になって笑いを取る、ということが多かった。わかりやすくいうと江頭2：50さんの一歩手前の芸風だった。ひょっとしたら今頃は、上田2：49として活動していたかもしれない。もしくはシンヤ75％とか。

結果、有田は有田で学校を自発的に辞め、二人で芸人一本でやっていくことになった。そして、コント山口君と竹田君のお二人の付き人としてスタートすることになった。

先輩芸人の説教現場

コント山口君と竹田君の付き人を始めて半年くらい経った頃だっただろうか。その半年くらいは、山口さんの付き人が私で、竹田さんの付き人が有田であった。

ある日、山口さんの家の近所で待ち合わせたのだが、電車の乗り継ぎなどがうまくいかず、2分遅刻してしまった。（2分くらい待ってくれているだろう）とタカをくくっていたが、待ち合わせ場所には誰一人いなかった。急いでその日の現場へ電車をいくつか乗り継いで行ったのだが、山口さん、竹田さん、そして有田の3人はすでに現場に到着しており、平身低頭謝ったのだが、山口さんは「お前みたいにヤル気のない奴は明日から来なくていい！」の一点張り。

私は「すいません。二度と遅刻はいたしません」としか返せない。

何度か同じラリーを繰り返し、ようやく山口さんが考えを変えてくれ、「お前と有田、明日から付き人チェンジだ」となった。

要するに、有田が山口さんの付き人をすることになり、私は竹田さんの付き人に〝降格〟になった。降格と書くと竹田さんに失礼だが、山口さんと竹田さんは同い年の同級生だが、お笑いの世界に飛び込んだのは山口さんのほうが早く、二人には師匠と弟子と言ってもいい厳然たる上下関係があった。叶恭子さんと叶美香さんと同レベルの上下関係、竹田さんは山口さんには決して逆らえなかった。でもこの人事異動、すべては遅刻した私が悪いのであり、何も文句はなかった。

ただ一つだけムカついたのは、山口さん、竹田さんだけでなく、有田まで私を見下ろしていたこと。いや見下ろすくらいではなく、はるか上空からのドローン目線が今でも忘れられない。

そして、その年の年末、コント山口君と竹田君は12月30日〜1月5日の1週間、ずっと泊りで伊豆のホテル「ハトヤ」でのショーの仕事が入り、私と有田も付き人として同行することになった。

はっきり言って、この世で考えうる地獄の上位のほうである。誤解があるといけないので断っておくが、山口さんと竹田さんはすごく優しい師匠だった。意地悪なことをされたこともないし、理不尽なことで怒られた経験もない。しかし、そこは師匠と弟子の関係、気軽に話しかけられる関係ではないし、一緒にいるとピシッとしていなければならず、気を抜くことはできない。もちろん洗濯や、衣装・小道具の準備などなど、身の回りの世話もしなければならない。それが一日中、1週間続くのである。

12月29日の夜など、気が進まないどころではない。1月3日と5月5日と8月15日の中央高速を足して5掛けたくらい進まない。さらに悪いことには、初日、事務所社長の身内に不幸があり、そちらの通夜や葬儀の手伝いをしろ、という指令が出て、私か有田のどちらか一人は、そっちに行くことになった。

不謹慎な話で恐縮だが、そっちはお気楽なものである。一日のうち数時間かそこら手伝うだけだし、緊張していなければならない相手もいない。「俺が葬式に行く！」「いや俺が行く！」アメリカの夫婦喧嘩ばりに両者共に一歩も譲らない。あんなに葬式に行きたいと思ったことはおそらく今後もないだろう。葬式をアミューズメントパークのように感じたものだ。しかし、その当時の私たちに、自分たちの行動を選択する権利など与えられてはおらず、山口さんの「じゃあ有田、お前、葬式の手伝いに行ってこい！」の鶴のひと声の最上級、プテラノドンのひと声で有田がそちらに派遣されることになった。

「わかりました」

わざと重々しく、断腸の思いでそちらに行ってきます的な空気と表情を出していた有田に、私の人生で一番の「ウソつけーーーーーー！」を浴びせてやりたい気分だった。そんな流れで1週間の付き人地獄に私一人で乗り込むことになったのだが、元日の朝からちょいとしたトラブルが起こった。

朝と昼に伊豆のとある遊園地で30分ずつのステージ、夜はハトヤで30分のステージというスケジュールであったが、朝最初のステージ後、山口さんの説教が始まった。そのステージのネタは、当時Jリーグが始まって盛り上がっていたこともあり、プロサッカー選手を志す竹田さんが、チームの監督山口さんに入団テストを受けさせてくれと懇願し、いくつかのテストをクリアできるかどうか、という設定のコントであった。しかしながら、まだそのネタは完成しておらず、客前でやりながら完成させようとしている、初おろしのネタであった。

「竹田ぁ、お前な『プロサッカー選手になりたいんです。お願いします、入れてください』だけじゃダメなんだよ！」

「…………」

「自分は何々ができますから見てください、とか何々が得意ですからテストしてくださいとか、こっちが『そこまで言うなら見てやろう』と思わせるアプローチをしないとダメだろう！」

「……はい」

「いいか、2ステージ目、自分でちゃんと考えて舞台上がれよ」

「はい、わかりました」

およそ2時間後、2ステージ目の舞台が開いた。

「僕プロのサッカー選手になりたいんです！」

「いや、ウチはもう新人を取る気はないんだよ。ほか当たってくれ」

「お願いします、入れてください」

「……いや、だからウチはもうこれ以上選手いらないんだよ」

「お願いします、入れてください！」

「……君がどういうことができる選手かもわからないしね」

「お願いします、入れてください！」

「……………………」

「お願いします、入れてください！」


〝ヒロシです〟、を回数少なく感じるくらい、延々同じセリフを繰り返す竹田さんであった。（これはマズいぞ）山口さんの怒りが手に取るようにわかる。

ステージ終了後、楽屋に帰るや否や山口さんの怒声が響いた。

「竹田ーーー、テメェなめてんのかー！」

これまた誤解のないように断っておくが、山口さんは別に怒りっぽい人ではない。どちらかというと冷静に、諭すように話すタイプの人だ。その山口さんが比叡山《ひえいざん》を焼き払えと命じた時の信長ばりに怒っている。畳に正座してこうべを垂れる竹田さん。

「『お願いします、入れてください！』だけじゃダメだって、さっきあれほど言っただろうがーー！」

竹田さんは、うんともすんとも言わない。

「テメェ人の話聞いてんのかーーー！」

とうとう怒りの頂点に達した山口さんは、隣にあった座椅子を持ち上げ、ぶん投げた！もちろん、竹田さんと私には当たらない方向をめがけてではあったが。派手な音を立てて、何かが壊れる音がした。（勘弁してくれよー、人生最悪の元日だよー）そんなことを思いながら、恐る恐る竹田さんはどんな顔をしているのだろうと、そちらを見ると、なんと竹田さんは恍惚とした表情をしていた。訳がわからない。師匠のような立場の人が、今までに見せたことのない怒りを見せ、座椅子をぶん投げたのに、天にも昇るかのような、快感の顔をしている。

私はそのあまりに意外すぎる表情を見て、思わず「プーッ」と吹き出してしまった！（ヤバい、怒りの矛先がこっちに向いてしまう！「テメェ、人が説教してる時に、付き人の分際でなに笑ってやがんだーー」とか言われて、今度は座椅子を命中させられる！）覚悟を決めて山口さんのほうを見ると、山口さんも私と同じ感想だったようで、「なぁ、上田、こんな表情はないよな？」とゲラゲラ笑い始めた。

意外な表情からの意外な展開に心から安堵した私は、そこから遠慮することなく腹を抱えて笑い転げた。山口さんも涙を流しながら笑っていた。

怒りの絶頂にある人から、表情で危機回避し、それだけでなく怒りの絶頂にある人を涙を流して笑わせた人を初めて見た。いやその後も見たことないけど。

そのあとは、ネタのダメ出しはそっちのけで、何を思ってそんな表情をしたのか、ということを山口さんと私で延々問い詰めることになった。竹田さん曰く「真面目に反省している表情でした」とのことだったが、あの表情は全人種が反省とは受け取らない代物であった。

私が吹き出してしまったことにより、山口さんと私の距離感が幾分縮まった感があり、多少気楽に会話できる残り数日になったのは幸運であった。

しかし、竹田さん的にはこの日の説教がかなり堪えたようで、この日を機に、山口さんが松田優作のような低いトーンで「竹田ぁ」から会話が始まった途端、まだ怒られてもいないのに、その後の展開を予想してしまうのか、竹田さんは胃の調子が悪くなり、口からは異臭が漂うというシステムが出来上がった。大袈裟抜きで、一瞬にして悪臭が漂う。7人乗りくらいの車なら、数秒で車中が悪臭で支配される。あんなに反応よく瞬時に悪臭を漂わせるディフューザーを私は知らない。

自然遺産・竹田さん

竹田さんという人は、いわゆる天然ボケの最高峰と言ってもいいような、予期せぬことを巻き起こす人である。

竹田さんに聞いた話だが、竹田さんが若い頃に付き合っていた彼女と、夏の暑い日の夜、ベッドで会話をしていたところ口論になり、彼女に顔をひっかかれ、竹田さんは顔から血を出しながら、裸足にパンツ一丁で外に逃げ出したらしい。

しばらくトボトボと歩いていたところ、ふと自分が細いブーメランパンツ一丁であることに気づく。(このままだと変態だと思われるな？　でも家には帰りたくないし。うーん、……そうだ！)出した結論は、走っていればジョギング中だと思ってくれる、というものだったそうだ。絶対に思われない。

そのまま10分くらい走りながら、どこに行こうか考え、その当時竹田さんが働いていたストリップ劇場に行って、楽屋で寝ようと思い立ったらしい。しかし、そのストリップ劇場まではまだけっこうな距離がある。（そうだ、タクシーに乗ろう！　ストリップ劇場に行けば、山口さんなり誰かしら先輩がいるはずだし、お金借りて払えばいいや）そう思うが早いか、車道に飛び出さんばかりの勢いで手を挙げた。すると、竹田さんが走る真後ろから来ていたタクシーが停まってくれた、とのこと。よくそのタクシーも、裸足で細いブーメランパンツ一丁で走っているド変態が手を挙げてるのに停まってくれたな、と思うが、とにかく停まってくれたらしい。

「お客さん、どうしたんですか？」

「えっ、あっ、いや、友達が急に病気になったらしくって。行かなきゃいけないんです！」

「服を着る暇もなかったんですか？」

「……ええ、とにかく急ぐんです！」

「わかりました！　って、どちらまで？」

「新宿のストリップ劇場まで！」

「はぁ？」

運転手さんは（友達が病気って絶対ウソだろ）という顔つきで、そこからは竹田さんに一切話しかけず、とにかくこの不審なド変態を早く降ろしたい、と言わんばかりに猛スピードでストリップ劇場まで届けてくれたらしい。

「多分あの時の運転手さん、俺のことストリップ大好きな人間で、ストリップ劇場まで脱ぐのを我慢できない人だと思っただろうなー」と、私にしみじみ語っていた。いや、ストリップ劇場って客は脱がねーし！　話の内容も数年後の感想も全編天然に彩られていた。

いや、天然とかってレベルじゃねーな。自然遺産だな。

優しい悪魔・渡辺謙さん

付き人時代の一番のトピックといえば、渡辺謙さんとの出会いかもしれない。

渡辺謙さん主演の大河ドラマ『炎立《ほむら》つ』という作品に、竹田さんも出演することになり、1カ月間私も付き人として岩手県の江刺というロケ地に付いていくことになった。

竹田さんの役どころが、謙さんの家来ということだったこともあり、竹田さんの出演シーンは謙さんとかなりかぶっており、謙さんと竹田さんは初日から意気投合し、そして同じく謙さんと竹田さんと初日から意気投合した村田雄浩《たけひろ》さんは収録後、毎日とある小料理屋に食事に行っていた。

その場には、謙さんの付き人の、私より確か一つ年上の田中さんと私も毎回同行させてもらっていた。

謙さんや村田さんは、分け隔てなく、どこの馬の骨かわからない、ひょっとしたら牛の内臓かもわからない私にも親切に接してくださり、楽しい話やタメになる話をしてくれ、仲間として扱ってくれた。


そんな毎日が2週間くらい続いたある日。撮影全体がお休みだった日があったのだが、その日竹田さんは急遽東京での仕事が入ったとのことで、1日だけ帰ることになった。

1日だけだし、新幹線代がもったいないといった理由から、私はそのまま岩手に残ることになり、前日の夜、竹田さんをお見送りし、（明日はゆっくり寝て、昼過ぎから映画でも観に行くかな）などと、久々の休みを満喫すべく、『ショーシャンクの空に』ばりの解放感を感じながらすやすやと眠りに就いた。

すると、次の日の朝7時くらいに部屋の電話が鳴った。（今日はモーニングコールなんかお願いしてねーよ！　お昼くらいまで寝ようと思ってんだから邪魔すんなよ！）と姿の見えないホテルのフロントマンに心の中で悪態をつきながら出てみると「おう、上田か！起きてたか？」と、なんと声の主は謙さんであった。

「あっ、ええ、はい、起きてました！　おはようございます！」

「おい、今日ボウリング行くぞ！　またあとで連絡するから準備しとけよ！」

「あっ、そうですか、はい、わかりました」

睡眠中止である。どうやら気楽な一日にはなりそうもない。もちろん謙さんに誘っていただけるなんてありがたいことなのだが。

それにしても朝7時にボウリングのお誘いは早くないか？　高橋英樹さんの確定申告ばりに早い。およそ2時間後くらいに、謙さん、村田さん、謙さんの付き人の田中さん、私の4人でボウリング場へ行った。

「じゃあ、今から3ゲームやって、トータルでビリだった奴がゲーム代を払うことにしよう」

謙さんの提案で、多少緊張感のあるゲームスタートとなった。確か村田さんは、マイボールを持っているほどのボウリング好きで、パーフェクトも出したことがあるくらいの腕前だったと思う。圧倒的に上手かった。謙さんもけっこう上手かった。ビリ争いは田中さんと私の二人に絞られ、最終的に私がビリになってしまった。（とはいえハンデをくれたわけでもないし、一番お金のない俺に払えとは言わないだろう）と、沖縄のマンゴーの糖度と同じくらい甘い考えでタカをくっていると、「じゃあ上田よろしくー！」と謙さんが言い残し、3人は談笑しながらシューズを返しにいく。

「あっ、ええ、もちろんです」

当然の結果であるにもかかわらず、（あっ、謙さんこういうのガチなんだ）とちょいと面喰らい、財布の中身を見たが全然足りなかったので、バレないように違うフロアにあったATMからお金をキャッシングした。

そのあと、お昼ご飯を食べ、ちょこちょこっと買い物をして、午後2時過ぎにはホテルに戻ったように記憶している。（このスケジュールあと3時間くらい後倒しできたんじゃねぇか？）とは思ったが、当然そんなことを言えるはずもなく、夜7時に再び集合して晩ご飯を食べに行くことになった。

連日通っていた小料理屋に着くと、

「上田、今日はボウリング代払わせて悪かったな。その分好きなだけ食って、好きなだけ飲め」

と、謙さんが優しい口調で言ってくれたかと思うと、カウンターのほうを振り返り、

「おやじさーん、とりあえずビール10本ちょうだい」と注文する。

4人で、とりあえずで頼む量ではない。次々にビールが運ばれてくると、

「上田、お前いつも竹田さんと一緒でハメはずせないだろ？　今日は無礼講だから、遠慮せず飲め」

と、これまた優しい口調でビールを注いでくれる。

（謙さんホントにいい人だよなぁ）と感激しながら、竜宮城ばりにズラリと並べられた料理に舌鼓を打ち、ビールをチビチビと飲んでいると、

「お前遠慮しなくていいって言ってるだろ？　もっと飲め」

「いいえ、そんなに強くないんで」

「強くない？　お前出身どこだよ？」

「熊本です」

「じゃあ飲め！」

と、九州男児は酒が強い、という都市伝説というか田舎伝説に一切疑いを持たずドッボ

ドボとコップに注いでくる。注がれたものを飲まないのも失礼なため、なんとか飲み干すと、

「ホラ、やっぱり遠慮してたんじゃないか」

と、またドッバドバと注いでくる。

「いえ、謙さんホントにもう飲めませんから」

「ウソつけー、遠慮ばっかりしやがって」

「いえ、遠慮してるわけじゃないんです」

「お前血液型何型だよ?」

「O型です」

「じゃあ飲め!」

もはや訳がわからない。O型は酒が強いなどという伝説は都市伝説でも田舎伝説でもゼルダの伝説でも聞いたことがない。高砂に座っている新郎ばりに次々とビールを注がれ、やっとの思いで最初に注文されたビールを空にすると、

「おやじさーん、日本酒2本ちょうだーい」

と、新たな酒を追加され、その当時まだ飲み慣れない日本酒を、理科の実験で使ったア

ルコールランプの中身とほぼ同等のものと感じながら、ただただひたすら口に運んだ。

「どうだ、腹いっぱいになったか?」

親切心のみで聞いてくる謙さんに、

「はい、もう無理です。ご馳走様でした、美味しかったです」

美味しかったです、酒以外は、と言おうかと思ったが、そんな余裕もなく、フラフラ立ち上がろうとした時、やらかしてしまった。胃袋の中身をすべてテーブルにぶちまけてしまったのだ。

「あっ、やっべ」

謙さんは言うが早いか店のおやじさんに雑巾とバケツを持ってきてもらうと、せっせと私のゲロ掃除を始めるではないか!

「すいません、すいません! 謙さん俺、自分でやりますから!」

心から申し訳ない気持ちと情けない気持ちと恥ずかしい気持ちとが、目の前の吐瀉物《としゃぶつ》と同じようにぐちゃ混ぜになり、謙さんに代わろうとしたが、謙さんは「いいから、いいから」と私を制し、村田さんや田中さんも謙さんを手伝って私のゲロを綺麗に掃除してくれた。

「本当にすいません！！！」

「いやいや、こっちこそ悪かったなー。もう飲めない時は飲めないって言えよー」

何度も言った。『カリオストロの城』ばりに何度もお送りした。意地悪な気持ちゼロ、単に好きなだけ食べ、飲ませてやろうという謙さんのお心遣い、私には優しい悪魔に見えた。

人間の感情とは本当に持続しないもので、あの当時は申し訳ない気持ちでいっぱいだったが、今となっては、アカデミー賞助演男優賞にノミネートされた〝世界の渡辺謙〟にゲロ掃除をさせたことを誇りに思っている自分がいる。アカデミー賞主演男優賞を獲った気分である。


次の日の朝早く東京から帰ってきた竹田さんに、昨日の粗相を包み隠さず報告すると、

「お前謙さんに迷惑かけてんじゃないよ！　俺が恥ずかしいよ！」

と軽いお叱りを受けた。

朝イチから説教を受けて始まったその日、撮影のほうもいつもとは違った空気の現場となっていた。その日の撮影のラストでありクライマックスは、一面に降り積もり、足跡一

つない雪の中を、謙さんが白馬にまたがり颯爽《さっそう》と駆け抜けていくというシーンであった。

何せ足跡のない綺麗な銀世界を馬で駆け抜ける絵を撮りたいわけだから、リハーサルができない。馬の足跡が一つずつ増えていくさまとともに、雪の上を走る蹄《ひづめ》の独特の音も同時に本番一発で決めなければならない。しかも雪深い中を馬が思い通りに走ってくれるかどうかもわからない。馬が雪に足を取られ、謙さんが落馬する可能性もある。

謙さんも昨日とはまったく別人の顔で緊張感みなぎり、スタッフも凝り固まっている。呼吸することすら憚《はばか》られる空間。竹田さんはそのシーンの出番はなかったのだが、なかなか見られないシーンだから見に行こう、ということになり、私も竹田さんの隣に陣取り、文字通り固唾を飲んで見守らせていただくことにした。

「じゃあ、そろそろいこうか？　各所オッケー？　では本番ー、よーい、スタート！」

いつも以上に威勢のいい監督の声でスタートが切られ、カチンコが鳴ると謙さんは白馬に合図を入れて颯爽と駆け始めた。一歩一歩進むごとに、馬も雪上を走ることに慣れてきたのか、スピードを増していく。順調だ！　綺麗な足跡が一つずつ増えていき、蹄が雪を踏む独特な音もはっきりと聞こえる！　皆が息を飲み「そのまま、そのまま！」と心で切願している時、今度は竹田さんがやらかした。

「行け、謙さん行けー！」

我慢できず、声を出して応援してしまった。あまりの馬鹿さ加減に、私は反射的に師匠である竹田さんの頭をひっぱたいてしまった。（あっ、やべぇ、ひっぱたいちゃった）あとで怒られることを覚悟し、申し訳ない顔で竹田さんを見ると、怒りだすかと思った竹田さんは、私の5倍申し訳なさそうな顔で、両手を合わせて無言で謝り続けていた。その周辺にいたスタッフは、不動明王、阿修羅、閻魔大王勢揃いのような顔つきでこちらを睨《にら》んでいた。東京国立博物館で2カ月展覧会ができるほどの迫力であった。

その10秒後くらいにカットがかかり、「誰だ？　誰か喋ってただろ？」と監督の怒声が遠くから聞こえてきたが、竹田さんと私は、憲法上認められた正当な権利、黙秘権を行使し、だんまりを貫いた。

「んー、まあ音もなんとかなるだろう」

しぶしぶオッケーが出て、竹田さんと私は、周りにいたスタッフだけには、オジギソウでもそこまで頭下げんわ、と言われんばかりに何度も頭を下げ、そそくさとホテルへ帰った。

この日の夜もいつものメンバーで食事に行ったが、謙さんに一番お詫びをしなければならなくなったのは、私ではなく、竹田さんであった。

そしていよいよ最終日、岩手に1カ月間行くと伝えられた時は（1カ月も見知らぬ岩手で、朝から晩まで師匠の面倒を見なきゃいけねーのかよ）とハズキルーペでも壊れるくらいのショックを受けたが、いざ1カ月過ごしたこの時には、謙さんや村田さん、謙さんの付き人の田中さんたちとの別れが淋しくてたまらないくらいの気持ちになっていた。岩手での最後のシーンの撮影が無事終わり、いつものように同じメンバーで食事に行き、ホテルに帰る車の中で勇気を出して謙さんにお願いをした。

「あのー、謙さんがいつも被ってらっしゃる帽子と僕の帽子交換していただけませんか？」

何かしら謙さんとのつながりの物がほしくて、どうしても言わずにはいられなかった。とはいえ、ほかのタレントの付き人の立場でよくもそんな図々しいことをお願いしたものだ。あの当時は、家具売り場のベッドで3泊くらいできる図々しさがあった。今はとてもじゃないが1泊しかできない。謙さんは、いつも被っていらした赤と黒のベースボールキャップを脱ぐと、つばの部分にサインと〝岩手寒いー〟と一筆入れてくれ、私が被っていた、汚いフィラデルフィア・フィリーズの帽子と快く交換してくれた。本当に大それた行為だったと思うが、一生の思い出、そして一生の宝物になった。

次の日から、喜び勇んで謙さんからいただいた帽子を被っていたら、数日後、事務所に謙さんから私宛てに郵送物が届いた。開けてみると〝この間交換した帽子は安物だから、こっち被れよ〟とアルマーニの帽子が入っていた。どこまでもカッコよく、優しい謙さんであった。

毎日食事をご馳走になり、一緒に温泉に入ったり、中尊寺で金色堂を観たり、本当にいい思い出として残っている。ちなみに、私がくりぃむしちゅーとしてそれなりに仕事が増えるようになり、バラエティのゲストとして謙さんにおいでいただいたことが何度かあるが、そのたびごとに、

「上田ー、仕事増えてよかったなー！」

とか、

「お前が活躍してると、親戚の子が活躍してるみたいでホントに嬉しいよ！」

とか、

「俺が若い頃、先輩に『謙が活躍してると俺も嬉しいよ』とか言われたことがあって、俺そんなのウソだと思ってたんだよ。でも、上田が活躍してるとホントに嬉しいから、あー、

あの時先輩が言ってたのってこういう気持ちだったんだな、って今は思うよ。これからも頑張れよ！」

と、涙が出るほど嬉しいことを言ってくださる。

付き人時代は、プライドを保てないことも多く、辛いこと、悔しいこともたくさんあったが、謙さんにも出会うことができたし、何より山口さん、竹田さんに本当によくしていただき、いろいろと大切なことを教えていただいた。

今でもその教えの数々を思い出すことがたびたびある。たとえば…………7年周期で人の細胞のほとんどは生まれ変わるらしいが、それを4回ほど繰り返すとすべて忘れてしまうようだ。

応援

～貴重なファンレター～

決して数多くはないが、ファンレターをちょこちょこいただく。中には小学生からのファンレターが届いたりもする。こんな50歳過ぎのオッサンを小学生が応援してくれる。文面もかなりの熱量。下手すると私の娘や息子より、私のことを応援してくれているかもしれない。本当にありがたい。涙拭く木綿のハンカチーフください*、と言いたくなるくらいだ。

もちろん、小学生からの手紙だけがありがたいわけではない。幅広い年齢層の方々からいただくし、海外から手紙を送ってくれる方もいる。「いつもテレビを観て元気をもらってます」とか「上田さんの突っ込みが大好きです。これからもいっぱい笑わせてください」といったメッセージに本当に励まされる。

元気をもらっているのは私のほうだ、と素直にそう思う。こうやって応援してくれている人がいる間は、芸人としてやらせてもらってもいいのかな、と背中を押してもらってい

＊松本隆・作詞『木綿のハンカチーフ』より

る気分になる。

先述のように、決して数多くファンレターをいただくわけではないが、20代の頃は特に少なかった。

『ボキャブラ天国』という番組がそれなりに世間で話題になり、「ボキャブラブーム」などと言われるようになった頃、その番組に出る若手芸人は、皆同じ大部屋の楽屋だった。

2週間に一度収録があり、その大部屋の端のほうには、長テーブルが置いてあり、前回の収録からの2週間で番組宛てに届いたファンレターが芸人別に並べてあった。

2週間で届いたファンレターを長テーブルに置くというシステムが導入された初回、全国から届いたそのファンレターの数に芸人皆一様に驚き、番組の、そして自分たちの名が知れ渡っていることに少なからず興奮し、大きな波を感じ取っていた。

「おー、やっぱり泰造の人気スゲーなー！」

「ケンちゃんもかなりの数あるじゃん！」

前項の「順位」でも書いたが、ぶっちぎりの一番人気はネプチューンの原田泰造で、毎回100通ほどのファンレターのタワーが2列あった。単純計算で200通ほど。その次が同じくネプチューンのホリケンで、泰造の半分強くらい、1列のタワーと数十通のファンレターが重ねてあり、およそ120通くらいだっただろうか。

ただし、この時はまだ「順位」事件、つまり携帯の値段を知る前の話。大量に届いているファンレターに新鮮な喜びを感じていた。皆自分宛てに届いているファンレターを取りに行き、バッグに大切そうにしまう人、席に着いて読み始める人、それぞれ幸せそうな表情をしている。（さてそろそろ俺も取りに行くか）重い腰、というよりは、焦って取りに行くようなダサいマネしなさんな、ホンモノって奴はどっしり構えて、それからゆっくりと行動するもんですよ、と真打ち登場のような空気を勝手に醸し出し、長テーブルのほうに一歩二歩と歩みを進めていった。

別にファンレターが多い順に並べてあったわけではないので、多い人と少ない人のファンレターの積み上げた高さが、初めてのテトリスのようにボコボコの段差になっていた。（どれどれ、どのタワーが私のものかね？）名人上田、腕組みをしたまま、タワーの一番上にスタッフが書いた宛名の紙を見るが「Take2東様」や「X-GUNさがね様」などの名前だけで、自分の名前を一向に見出せない。（するってぇと、何かい？　アチキのタワーを作るため、別のテーブルを用意しようってぇ寸法かい？）そんなことを考えながら、ボコボコの段差になっている一番低いところを見ると、そこに「海砂利水魚　上田様」と書いてあった。

その数2通。凡人上田、組んでいた腕を光の速度より速くほどき、ミニマム級のボクサーより速く左腕を出し、2通のファンレターをひっつかむと、前座よろしく行きの5倍の速度で自分の席に戻った。アナフィラキシーを超えるショックであった。

自分の人気がここまでないとは正直思っていなかった。むしろ人気者のほうだとばかり思っていた。が、現実は2通。ブーム真っ只中といわれ、毎週高視聴率を連発し、3、4組の芸人で地方にイベントに行けば、入りきれないくらいのお客さんが詰めかけていた状況で、日本で私を応援してくれている人はたったの二人。

私のすぐそばではしゃいでいる、泰造やホリケンの声がやけに遠くに聞こえ、その姿も白い霞がかかっていて、触ろうにも触れない幻想のように見えていた。ただならぬショックを受けたまま、その日の収録を終え、家に帰ると、バッグから貴重な貴重な2通のファンレターを取り出し、読み始めた。

「はじめまして、私は○○という高校2年生の女の子です。私は上田さんの大ファンです」

(そっか、女子高生かー。ありがたいねー、応援してくれて)

「学校でも皆『ボキャブラ天国』を観ています」

（やっぱり今流行ってんだなー）

「キャブラーの中で誰が好き？　という話をよくします」

当時、『ボキャブラ天国』に出ている芸人のことをキャブラーと称していた。安室奈美恵さんに憧れて安室さんの格好を真似する人たちのことを「アムラー」と呼んでいたが、そこからパクって、まだ売れてもいない薄汚い芸人をギャグで「キャブラー」などと呼んでいたのだが、番組がブレイクしたあとは「キャブラー」呼ばわりがギャグではなく、普通のことになっていた。

「私が『海砂利水魚の上田さん』と言うと『えー、あんな奴のどこがいいのー？』と皆に言われます」

（俺に伝えなくていいよ！　今日のファンレターのタワーの件で、皆の意見は薄々気づいてるよ！）

「『趣味悪ーい！』って言う子もいます」

（まだ追い討ちかけるか？　俺、もうそろそろ昏睡状態になるぞ）

「でも、私は上田さんのことチョーカッコいいと思います」

（カッコよくはないけどさ。でも自分の趣味に自信持ってほしい！）

「私はキムタクや反町隆史さんより、上田さんや掛布雅之さんのほうがイケメンでカッコいいと思います」

（ハイ、確定！　自分の趣味に疑問持ったほうがいいよ！　いや掛布さんには悪いけどさ。掛布さんのカッコよさってそういうとこじゃないじゃん。俺も一番最初に好きになったプロ野球選手掛布さんだから、カッコいいと思うけど、でもそういうとこじゃないよ！）

「これからも応援してますから、いつまでもイケメンの上田さんでいてください」

（いられない。いられないっていうか、一度もその状態になったことがない）

わざわざ送ってくれたファンレター、もちろんありがたいのだが、素直に喜べる内容とは言い難かった。（んー、貴重なファンレターの1通はちょっとズレてたかな。じゃあ、もう一人は？）甚だ失礼ながらそんな思いを抱えながら、もう1通の手紙に手を伸ばした。

「上田さん元気ですか？　ボキャブラ天国毎週観てます」

（ありがとう！　番組の人気がいつまでも続くといいなー）

「上田さんは、いつ頃から芸人になろうと思ったんですか？」

（小学校の卒業文集でボクサーかプロレスラーかお笑い芸人になりたいって書いてたから、小学6年生かなー）

「イケメンだから俳優さんとかアイドルになれたと思うんだけど。よかったらサインください」

（ん？　イケメン？　まっ、まさか⁉）

よーく見ると、さっきのファンレターと同じ字体。そう、同一人物であった。すなわち、私にファンレターを送ってくれた人は、日本でその子ただ一人。この広い日本列島で、私を応援してくれるのはたった一人。大小さまざまな離島を含めても一人のみ。サングラスもしていないのに目の前が真っ暗になった。２カ月間ハッピーセットを食べ続けてもハッピーになれそうになかった。

長テーブルにファンレターを並べるというシステムが導入された2回目からは、いつまでもその数少ないファンレターを受け取らないと、（アイツこんなに少ねーのかよ）とバレてしまい、その後も何かとマウントを取られるのではないかと思い、誰よりも早く楽屋に入って毎回同じ子からしか届かない２通のファンレターをひったくり、（きっと上田も数多くのファンレターが届いていたのだろう）と思わせることにした。思ってないと思うが。

4回目ともなると、（早く自分も人気が出ないかな）とは考えず、この惨めな状況を早く脱したいがために（早く番組の人気がなくなって終わらないかな）と、考えるようになっていた。

『ボキャブラ天国』に出演し、全国どこに行ってもチヤホヤされ、どの芸人も多少なりとも浮かれていたこの当時、私はこのファンレターのおかげで（こんなブームがいつまでも続くわけがない、ブームが終わった時に勝負が始まるから、今のうちから準備しておかないと）、と冷静でいられた。まったく浮かれずに、いや厳密に言うと、浮かれたくても浮かれられる要素が……、ん？　何かこの文章見たことあるな？　まあ、とにかくレイチュンセッチャー大仏ばりに泰然自若、地に足着けていられた。

郵便はがき

おそれいりますが
切手を
お貼りください

102-8519

東京都千代田区麹町4-2-6
株式会社ポプラ社
一般書事業局　行

お名前	フリガナ	
ご住所	〒　　-	
E-mail	@	
電話番号		
ご記入日	西暦　　年　　月　　日	

上記の住所・メールアドレスにポプラ社からの案内の送付は
必要ありません。□

※ご記入いただいた個人情報は、刊行物、イベントなどのご案内のほか、
お客さまサービスの向上やマーケティングのために個人を特定しない
統計情報の形で利用させていただきます。

※ポプラ社の個人情報の取扱いについては、ポプラ社ホームページ
（www.poplar.co.jp）内プライバシーポリシーをご確認ください。

ご購入作品名

■この本をどこでお知りになりましたか？

□書店（書店名　　　　　　　　　　　　　）

□新聞広告　□ネット広告　□その他（　　　　　　　）

■年齢　　歳

■性別　　男・女

■ご職業

□学生（大・高・中・小・その他）　□会社員　□公務員

□教員　□会社経営　□自営業　□主婦

□その他（　　　　　　）

ご意見、ご感想などありましたらぜひお聞かせください。

ご感想を広告等、書籍のPRに使わせていただいてもよろしいですか？

□実名で可　□匿名で可　□不可

一般書共通

ご協力ありがとうございました。

失態1

〜大都会・新宿で夕食を〜

東京に出てきて早いもので35年近くになる。上京してきて最初の1年くらいは東京に戸惑うことばかりだった。

その当時の熊本の田舎者にとっては、東京ははるか遠い憧れの地で、今の感覚では、ニューヨーク、ヘタをすると月に行くのと同じくらいの感覚だったかもしれない。高層ビルもネオン街もほとんど見たことがない私にとっては、見るものすべてが新鮮で、刺激的で、きらびやかで、いかがわしくて、ジャングルに放り込まれたアオミドロみたいな気分だった。でも、小動物ならジャングルに放り込まれたらいろんな獰猛《どうもう》な動物に狙われて大変だろうが、アオミドロならばその存在にすら気づかれないだろうから、逆に安心かもしれない。

とにかく熊本と東京のカルチャーのあまりの違いに、いちいち戸惑っていた。まだギリギリ10代の頃だが、大学受験で東京に出てきて、全部の試験が終わった日、高校の同級生のマサルもその日が最後の試験だったこともあり、二人で新宿で会おうということになった。

待ち合わせは新宿アルタ前。田舎者の私とマサルも、新宿アルタ前が待ち合わせの聖地であることくらいは知っていた。逆に言うと、アルタ前以外で待ち合わせすることはできない。どこも知らないから。アルタ前で16時に待ち合わせをした。

私は、3年前に上京していた兄貴が住む久我山の家で寝泊まりしており、兄貴に新宿アルタまでどれくらいの時間がかかるのか聞くと、久我山の駅まで5分、電車で15～20分、新宿駅を出るとすぐアルタだから30分で着くと言う。まあ余裕を持って15時15分くらいに出ることにした。

久我山駅から井の頭線に乗り、明大前で新宿方面に乗り換え、初めて新宿の地へ足を踏み入れた。どうということはないように思われるかもしれないが、久我山駅から明大前で乗り換えて新宿駅に着いただけでも本当は褒めてほしいくらいだ。何せ熊本で電車に乗ったことなど数回しかなかったのだから。

熊本で電車に乗る時というのは、修学旅行や部活の遠征で隣県に行く時くらいで、ほかの乗り物といったら車とバスと自転車と体重計くらいなのだ。しかもその時は、引率の先生に連れられるがまま、ただ乗り込むだけで、一人で乗り換えなどという暴挙は冒したこともない。

何はともあれ無事、新宿駅に着いた。慣れない土地ゆえに、たかだか駅のホームであるにもかかわらず、ついキョロキョロしてしまうのだが、田舎者だと悟られないように「はいはい、ご存じ新宿は私の庭ですよ」といった空気を身に纏《まと》い、電車を降りた客がゾロゾロと進む方向に私も付いていった。

自動改札の現在では、もちろんもうないシステムだと思われるし、想像も難しいかもしれないが、その当時の新宿駅の京王線には、一度切符を見せるだけの改札があった。駅員さんに切符を見せ、駅構内を出る次の改札で切符を差し出す、というシステムだったようなのだが、そんなことは当然知らない私。ただ見せるだけの改札で切符を出してしまった。

そのまま人が流れる方向にズイズイ付いていくと、な、なんと、数メートル先にまたもや改札が現れるではないか！　困った、スペアの切符などない。皆は当然のごとく定期券を見せたり、切符を出したりして、なんの問題もなく通過しているが、私にとってはベルリンの壁よりも高く、越えられない壁に見えた。ちなみにその3カ月ほど前にベルリンの壁は崩壊していたので、高くも越えられなくもなかったのだが……。

そんなことよりさあ困った。どうする？　もちろん一番いいのは、正直に「さっきの改札で切符を出してしまいました」と言うことだろう。しかし、新宿は私の庭的な空気を纏ってしまったし、さっきのところで出した、なんて言ってしまうと、周りの人たちに「なんにも知らねーな、どこの田舎者だよ」と思われるだろう。そんな恥ずかしい目に遭うのはなんとか避けたい。

その時、一つアイディアが浮かんだ。（駅員の人、多分見てるようで見てないだろ？　これだけ次々人が押し寄せているのに、イチイチ定期券の期限や切符の乗り越しがないかなど、見ているはずがない。よーし、行列に紛れて切符を出すフリだけして通り過ぎよう）延々続く人の列に紛れ、少しずつ歩を進めていった。

徐々に自分の順番が近づいてくる。緊張が走るが、悟られてはいけない。なるべくスムーズな手つきで、ぎこちなくならないように切符を置いた〝フリ〟をしなければならない。

よーく列の前を見ていると、皆大体同じようなリズムで切符を置いたり定期券を見せたりしている。なんとなく二分の一拍子のリズムだ。自分もあのテンポで出すフリをすれば、違和感なく通り過ぎることができるはずだ。

10人くらい前の人が切符を出し始めた頃から、自分も脳内で右手を出すシミュレーションを始めた。二分の一拍子のリズムで（今、今、今、今）と心で唱える。こんな感じでタイミングを図るのは、小学生の大縄跳びの時以来に思われる。大丈夫だ、タイミングは完全につかめた。あとは、そのタイミングに合わせて右手を素早く繰り出し、切符を置いたように見せるだけだ。（今、今、今、今）唱えながらいよいよ自分の番だ。緊張はしていたが、シミュレーション通り、リズムに乗ってドンピシャのタイミングで右手を素早く出すことができたし、動きも熊川哲也のバレエみたいになめらかだった。

（よっしゃ、これで大丈夫だろう）と思う間もなく、

「ちょっと、ちょっと君ぃー、待ちなさい！」

呼び止められてしまった。

「今、切符出すフリしたけど、出してないよね？」

「あっ、すいません！　一つ前の改札で切符出してしまいまして……」

「だったらそう言いなさいよ！　なんで切符出すフリをしたの？」

『逆転裁判』でも「意義なし！」って言うくらい意義なかった。

「すいません」

「乗り越したりしてないね？」

「あっ、はい、それはしてません」

「今度から嘘つかないように！」

とりあえず赦《ゆる》してくれた。っていうか、右手出すタイミングとかそういう問題じゃなかったみたい。駅員さんはプロで、ちゃんと皆の切符や定期券をチェックしてたみたい。

結果的に、出すフリをして、出していないのがバレるという、一番恥ずかしいパターンになってしまった。駅員さんに詰問されている私を横目に通り過ぎてゆくほかの乗客たちにも、きっと「切符出すフリってどういうこと？　どこの田舎者だよ」と思われたことだろう。

そういえば、初めての大縄跳びでも引っかかった記憶がある。私の顔で焚き火ができるんじゃないかと思うくらい顔から火を吹きながら、その場からそそくさと立ち去った。とにかく早足で、先ほどの私の失態を見た人が一人もいない場所へ移動したかった。

グングン突き進むと、いつの間にか地上に出ていた。初めて見る高層ビル街。圧倒された。ほとんど映画『クロコダイル・ダンディー』状態。１９８６年の映画だから知らない人も多いだろう。オーストラリアの奥地で暮らす探検家が大都会ニューヨークに行き、見るモノすべてが新鮮でいろんなことに戸惑ったり、失態を演じたり、というような物語なのだが、いや、ほかにもいろんな要素があるのだが、この映画を初めて観た時、完全に他人事として客観視し、上から目線で小馬鹿にしながら楽しんだものだが、初めて足を踏み入れた新宿で、完全に自分がクロコダイル・ダンディー状態。

しばし高層ビル街を見上げながら、口をポカーンと開けていた。もし、その場を口腔外科の先生が通りがかったら、顎関節症《がくかんせつしょう》の診断を下されていたと思われる。（俺、これからこんなところで生きていかなきゃいけないんだ）夢・希望2割、単なるハッタリ3割、不安5割くらいだっただろうか、高層ビルがそのまま私に降りかかってきて、押し潰されるような錯覚に陥ったのを覚えている。

ちなみに、今でも西新宿に行くと、高層ビルを見上げながら「ここが東京かー」と毎回思うし、〝東京のバカヤローが〜♪[*]〟、と長渕さんの『とんぼ』を口ずさむ。まあ『とんぼ』を口ずさむのは新宿に限らず、渋谷でも、自宅でもテレビ局の楽屋でも口ずさむのだが。

――ハッと我に返った。

＊長渕剛・作詞『とんぼ』より

（ここどこだ？）兄貴は、新宿駅を出たらすぐアルタだ、と言っていたが、そんなものは見当たらない。そもそもネオン街っぽいものが見当たらない。オフィスのようなものばかりだ。今なら（あー、西口に出たわけね）とすぐに理解できるし、それだけじゃなく西口から出た人をアルタ前まで電話でいざなうこともできるが。いや、俺に電話で聞くくらいならＧｏｏｇｌｅマップ見ろや。その当時の私には、東口だとか西口だとか、自分が今どの方角にいるのかまったくわからない。南東北《みなみとうほく》地方《ちほう》で西を探す、くらいどこだかわからない。（なんだよ、新宿！　改札も出口も訳わかんねーよ！）とりあえず賑やかな方向目指して歩いてみたが、アルタらしきものは一切出てこない。誰かに道を聞こうかとも思ったが、「東京の人は冷たい」と田舎者は子どもの頃から刷り込まれている。しかも〝新宿は私の庭的な空気〟も纏ってしまったし、聞くに聞けない。ただひたすら歩いた。

　歩くこと1時間半、足の小指の靴に当たる部分が痛くなり始めた頃、ようやくアルタが見えた。マサルが不安そうな顔で、キョロキョロしながら立っているのが見える！　その顔を見た時、『母をたずねて三千里』のマルコの気分だった。１９７６年のアニメだから知らない人も多いだろう。でも説明しない。タイトルで大体わかれ。

　私の姿を見た瞬間、マサルは2年替えてない仏壇のろうそくばりに溶けたような顔をし

て、

「えらい遅かったね、何しよったっゃ？（やけに遅かったな、何してたわけ？）」

と、安堵のため息を漏らしながら問いかけてきた。それはそうだ、何せ1時間半遅刻していたのだから。今の時代ならあり得ないことだ。道に迷ってもGoogleマップを見れば導いてくれるし、仮に遅刻しそうになったとしても、ケータイで「ゴメーン、ちょっと遅れるわー」と、断りの電話なりLINEなりをすればヤキモキさせずに済むのだから。

おそらくマサルは、『走れメロス』のセリヌンティウスと同じく、「シンヤはきっと来る」「いや、ひょっとしたらシンヤは来ないんじゃないか？」「いーや、シンヤは来るに決まっている」と、心かき乱されたに違いないが、そんなマサルの心情をよそに、私は大して悪びれもせず、

「あー、悪ぃ、悪ぃ、今日はえらい混んどったー（おー、スマン、スマン、今日はかなり混んでた）」

と、今日初めて新宿行きの電車に乗ったくせに、涼しい顔で返答した。しょうがない、新宿は私の庭的な空気を身に纏ってしまっていたから。いやいくら纏ってもマサルにはバレるだろ！　しかもいくら混んでても、到着時間にさほどの差は生まれないだろ！　そん

なに謝りもしない私を、マサルは責めもせず、

「んなら歌舞伎町でん行ってみっや?(じゃあ、歌舞伎町でも行ってみようか?)」

と、笑顔を取り戻し、二人してキョロキョロしながら歌舞伎町へと吸い込まれていった。

目が痛かった。歌舞伎町のネオンは、熊本では見ない色が何種類もあった。その辺で働いているのであろう女性たちの服装も、南国の鳥みたいな色使いで、「神様に怒られるんじゃない?」というくらい短いスカートを履いていた。

耳も痛かった。次々に話しかけてくる、飲み屋の呼び込み。きっとボッタクられるのだろう。その当時、歌舞伎町に行ったことがある人ならきっと覚えていると思われる「1時間800円! 1時間たったの800円!」という録音の声をひたすら流し続けているテレクラのアナウンス。どうせテレクラに電話してくる女の子たちも、バイトで雇われている子たちだろ。ん、待てよ、そっか、今の人たちは「テレクラ」といっても知らないか。じゃあ、テレクラに関してはほかの項で説明しよう。

目、耳だけでなく五感、いや第六感まで刺激される歌舞伎町との遭遇。興奮しすぎて腹が減ってきた。まあそもそも新宿でご飯でも食べよう、ということで待ち合わせをしたのであるが……。

「どっか入って飯でん食うや？（どこかのお店に入ってご飯でも食べようか？）」

私がマサルに問いかけると、

「おん、なんでんええばい（うん、なんでもいいよ）」

と、私と同じく紅潮した顔で興奮気味に答えた。ちなみに「うん」は熊本でも「うん」だ。「おん」は単なるマサルと阪神タイガースの岡田監督のクセみたいなものだ。

ご飯を食べることに決めた二人だったが、なかなかお店が決まらない。二人とも「どのお店でもいい」と言っているのにだ。なぜなら、どのお店にも入る勇気がないのだ。どのお店に入ってもボッタクられそうな気がする。○○という、熊本にもチェーン展開している店もあったが、

「こっちん○○は熊本ん○○よっか10倍ばっか高かっじゃなか？（こっちの○○は熊本の○○より10倍くらい高いんじゃない？）」

そんなわけはなかろう、と思いながらもひょっとするとひょっとするぞ、という思いもあり、私もマサルも「この店に入ろう！」と言い出せない。店の外にメニューや値段などが書いてあれば、それを見てジャッジできるのだが、その時はなかなかそういうお店もなかった。

2時間くらい同じところを何度も何度もグルグル回るだけで、一向に店を決められない。「1時間800円！　1時間たったの800円！」のアナウンスを何百回聞いたかわからない。ひょっとすると、それまでの人生で自分の名前が呼ばれた回数を超えていたのではなかっただろうか。

もうクタクタだ、これ以上グルグル回ったらバターになっちゃう、その直前で、一つの光景が目に入ってきた。夜7時を過ぎていたと思うが、小学生の男の子二人組が、私とマサルも何度もそこを通り、入ろうかどうしようか決めかねていた、とあるお店に入っていったのだ。

そして、しばらくして食べ物が入った袋を持って出てきた。それを見て、私もマサルもお互い言葉にはしなかったが（どうやらここなら大丈夫そうだ）と腹を決めて入っていった。店の名前は「マクドナルド」。そう、私とマサルはマクドナルドでさえ、小学生に背中を押してもらわなければ入っていくことができなかったのだ。

その当時、マクドナルドにはハンバーガーとポテトとドリンクのセットで390円の「サンキューセット」というものがあったのだが、このサンキューセットも東京のサンキューセットは3900円じゃないのか、と本気で疑っていたのだ。約2時間歩いてようやくありつけたのがマクドナルドのサンキューセット。でも、安堵感と疲労感と解放感とがない交ぜになりながら食べたあの時のハンバーガーが、今まで食べたハンバーガーで一番美味しかった。

10分くらいでサンキューセットを平らげると、ケツの座りの悪い都会*の店、やっぱり落ち着かず、どちらからともなく、

「んなら帰っや?(じゃあ帰ろうか?)」と切り出し、それぞれの帰路に就いた。

およそ4時間新宿を歩き回っていたせいで、フラフラでボーッとしていたが、帰りの京王線はなんの問題もなく、スムーズに家に着いた。

久我山の家に帰って靴を脱ぐと、歩きすぎて両方の靴下の小指の部分に血が付いていた。その靴下を見て、俺は俺で在り続けたい　そう願った*。いやなんのこと?

*長渕剛・作詞『とんぼ』より

失態2

～牛丼と丼の頭線～

東京に住み始めた当初の失態で、一番恥ずかしかったのは丼の頭線での出来事だろうか。

先にも書いたが、熊本出身の私は、東京に来るまでほとんど電車に乗ったことがなかった。電車に乗る時というのは、修学旅行や部活の遠征など、遠出をする時だけ。向かい合わせの席でお喋りをしたり、お弁当やおやつを食べたり、のんびりと景色を楽しんだりと、いわゆる〝旅〟に出かける時に使うものという認識だったのだ。それは、今の熊本でもさほど変わらないのではないだろうか？　未だに熊本に地下鉄なんてものはもちろんないし、街中を走っている電車といったら路面電車のみ。通勤や通学で使う人というのは、少数派だと思われる。

当時の私にも当然そのような発想はなく、あくまで電車という乗り物は〝旅〟に行く時の乗り物、という認識であった。

上京した数日後の夕方、早稲田駅から地下鉄東西線の電車に乗り、途中JRに乗り換えて吉祥寺駅で降りた私は、吉野家に立ち寄り、特盛りの牛丼を〝つゆだく生卵付き〟で頼んでテイクアウトした。

美味しそうな牛丼の匂いを漂わせながら井の頭線に乗り込み座席に座ると、発車まではまだ1～2分の余裕があった。私が降りる久我山まで、吉祥寺からは、この時は各駅停車に乗ったので駅3つ、時間にしておよそ4分だ。久我山の駅から家までは歩いておよそ5分。ということは、家に着くまで10～11分。

異常に空腹状態だった私は、この牛丼を口に放り込むまで10分以上も待てない、と思った。（発車までの時間と、発車して電車が久我山に着くまでの時間は5～6分。5～6分もあれば食べ終われるな）久我山までの時間と牛丼を完食する時間との競争を、スーパーコンピューター京《けい》ばりの計算の速さで叩き出すと、私は牛丼の入ったビニール袋を広げ、手際よく生卵をかき混ぜ始めた。よーく混ざったところでその卵をつゆだくの牛丼の上からかけ、七味唐辛子を満遍なく振ったあたりで発車のベルが鳴った。

発車直前にドッと乗客が増え、満員電車とまではいかないが、座席は満席、立ちの人も空いている吊り革がないくらいの状態になった。

発車とほぼ同じタイミングで牛丼を食べ始めた。時間は4分しかないが、のんびりと優雅に味わった。子どもの頃、遠足で乗った電車を思い出し、ノスタルジックな気分に浸っていた。沿線にはさほど見るべき景色もなかったが、なんとなく住宅街を見ながら牛丼を食べていると、ふと周りの視線が気になった。

周りを見渡すと、私の前に立っている会社員風の男を筆頭に、何人か、いや十何人もの人間がチラチラと、いやジロジロと私のほうを見ている。老若男女問わず見ている。

(まあ夕食時だからなー、皆お腹空いてるのかな。それにしても、そんなにジロジロ見るかね？　嫌だねー、東京の人間は貧乏臭くって。そんなに食べたいなら自分で買って食べればいいだろう？　人が食事してるのをマジマジと見るなんてマナーがなってないね)

東京の人間のみすぼらしさにガッカリし、その不躾《ぶしつけ》さに多少の憤りを感じながらも、私は努めて上流階級の気品を漂わせ、優越感に浸りながら牛丼を口に運んでいた。

「次は〜久我山〜、久我山〜、降り口は右側でございま〜す」のアナウンスが流れ始めた頃に、〝スーパーコンピューター晋〟の計算通り綺麗に食べ終え、後片付けに取りかかった。使い終わった割り箸を元の袋に戻し、器に蓋をしてビニール袋に戻し、口を隠しながら、爪楊枝であくまでも優雅にシーハーシーハーし、すべてが整ったところで久我山の駅に到着した。私はバッグと食べ終わった牛丼の袋を携えて降り口へと向かった。

ふと気づくと、まだ私のほうをジロジロ見ている人が数人いる。(そんなに牛丼というものは手の届かない食べ物なのかな)と不思議に思いながら、その気になればいつでも牛丼を食べられる自分の境遇に感謝と、先ほどより3割増の優越感に浸りながら改札を出て、「牛丼を食べられなかったら親子丼を食べればいいいじゃない」と和製マリー・アントワネット気分で、神田川沿いを社交界の歩き方で家路に就いた。

家に着くと、すでに兄が帰宅しており、早速丼の頭線での事を兄に報告した。

「いやー、とうきょん人間は見苦しかばい(いやー、東京の人間は見苦しいね)」

「なんでや?(なんで?)」

「いや、おっが吉祥寺で吉野家ん牛丼ばこうて、そっば丼の頭線で食いよったら、だごんごつ見てくっとばい(いや、俺が吉祥寺の吉野家で牛丼を買って、それを丼の頭線で食べてたら、たくさんの人が見てくるんだよ)」

「は? お前ほんなこつや?(は? お前マジで?)」

「ほんなこつた! そぎゃん食いちゃーなら自分で買えてね(ホントだよ! そんなに食

べたかったら自分で買えっつーの）」

「いや、そっちの『ほんなこつや』じゃにゃーた（いや、そっちの『マジで』じゃねーよ）」

「は？（は？）」

「丼の頭線で牛丼食ったたて、ほんなこつやて言いよっとた（丼の頭線で牛丼食ったって、マジかって言ってんの）」

「？？　うん。なんでそぎゃんウソば言わなんかいて（？？　うん。なんでそんなウソを言う必要があるわけ？）」

「お前バカじゃにゃーとや？　とうきょん電車でもの食う奴がおるかいて！（お前バカじゃねーの？　東京の電車でものを食べる奴なんかいるわけねーだろ！）」

「？？？？（？？？？）」

「おったちが熊本で乗りよった電車とは種類が違うとぞ！（俺たちが熊本で乗ってた電車とは種類が違うんだぞ！）」

「！！！！（！！！！）」

「そら皆『コイツなんや？』ておもてジロジロみっよ（そりゃ皆『コイツなんだ？』って

思ってジロジロ見るよ）」

「…………（…………）」

「お前恥ずかしゃー（お前恥ずかしいなー）」

兄は一方的に捲《ま》く し立てると、さっきの乗客たちより、さらに色鮮やかな白い目で私を見下し、ひとしきり笑っていた。たかだか俺より3年早く東京に来ただけのくせに。兄貴も3年前はどうせ俺と同じことをしたんだろ？　そう思いながらも、丼の頭線での行動を思い返すとただただひたすら恥ずかしく、私の顔でキャンプファイヤーができるんじゃないか、というくらい顔は燃え盛っていた。

私はこれ以降、丼の頭線は当然として、新幹線でものを食べることすら躊躇するようになったし、海外行きの飛行機で「Beef or chicken？（牛肉にしますか鶏肉にしますか？）」と聞かれても（そうやって俺を引っかけて、俺が何か食べ始めたら、皆で一斉に指差して「Ha Ha Ha, Kiss my ass！〈ハッハッハッ、ケツにキスしな！〉」とバカにするんだろ？）と疑いを持つようにすらなり、何も食べられなくなってしまった。このままだと餓死してしまうかもしれないと思い、家でたらふく食べることにしている。

失態3

〜標準語と熊本弁の境界〜

前にも書いたが、東京に住んで35年近く、熊本にいたのは20年弱なので、東京での生活のほうがはるかに長くなった。

普通、それくらい東京に住んでいて田舎に帰ると、慣れ親しんでいた方言をうまく使えなくなっていたり、標準語交じりの方言になっていたりして、地元の人たちからは、

「ばいたーし、熊本ば捨ててとうきょん人にならしたごたっねー。とつけみにゃー（あーあ、すっかり地元を捨てて東京の人になっちゃったみたいね。とんでもねーな）」

などと、嫌味を言われたりすることもあるようだが、私は未だに流暢な熊本弁を操るし、時には地元の人間も使わないようなディープな熊本弁を使って、逆に地元の人が理解できていない時すらある。熊本に帰って、飲み屋で若いお姉さんたち相手に熊本弁で喋ると、

「上田さんの喋らす熊本弁はいっちょんわからんけん、うっちょかんとしょんなか（上田さんが喋る熊本弁は全然わからないから、そのまま放っておかないと仕方がない）」

と、言われたりもする。いっちょんわからんけん、うっちょかんとしょんなか、なんてディープな熊本弁を喋るやつに言われたくはないが……。

なぜ未だに熊本弁がそんなに流暢かというと、理由は簡単、私の奥さんも熊本の人間で、毎日奥さんと喋る時は熊本弁だからだ。さすがに子どもたちと話す時は標準語だが。逆に言うと、未だに熊本弁が抜けきらないので、単語によっては標準語のイントネーションがわからなかったり、図らずも熊本訛りになっていることもちょくちょくある。

3、4日熊本にいて24時間態勢で熊本弁を使い、東京に帰ってテレビの収録に臨むと、熊本訛りや熊本弁が出てしまったりもする。ちなみに、熊本の男性は、アクシデントなどを目撃した時の、本能的なリアクションですら東京の人間とは違う。

たとえば、車がガードレールに突っ込んだところを目撃したとしよう。その衝突を目撃した瞬間、東京の人なら、

「あっ！」

とか、

「えーっ！」

とか、

「うわっ！」

とかだろう。しかし、熊本の男はもれなく、

「ばっ！」だ。

なぜだかわからない。

幼児の頃、「はい、コレはパパ、コレはママ、驚いた時は『ばっ！』」と、教育されたわけでもない。

でも、物心ついた時から生命を終える時までずっと「ばっ！」だ。

この「ばっ！」は未だに抜けない。

私がテレビなどで「あっ！」とか「えーっ！」とか「うわっ！」というリアクションを取っている時は、まだ余裕のある時だと思っていただいてかまわない。心底驚いた時は「ばっ！」と言うはずだから。

そんな熊本弁が抜けきれない私だが、それでもまだマシになったほうだとは思う。

同じ高校の同級生で、大学で上京した友人が何人もいるが、友人たちは東京にいる間、ほとんど標準語をマスターできず、今たまに東京に来て、東京の人と話す時も、自分なりに標準語のイントネーションに近づけているつもりなのだろうが、少し丁寧な熊本弁とい

うだけで、まったく標準語の体を成していない。

たまたまその場に外国人がいたりして、簡単な英語で話している時も、熊本訛りの英語だったりする。南部訛りやオーストラリア訛りの英語は聞き取りにくい、といった話を聞いたりするが、熊本訛りの英語のほうがはるかに聞き取りにくいと思う。それくらい染み付いた熊本弁の粘着力は強い。なかなか取れない。ヌーブラだったら苦情が殺到するレベル。

そもそも熊本の人間は、語尾に「ですね」を付ければ標準語だと思っている。今の若い世代の熊本人にもその傾向は見受けられる。なぜ語尾に「ですね」を付ければ標準語だと思っているのか、理由はまったくわからない。フェルマーの最終定理を解くより難題かもしれない。

もちろん、熊本にもアナウンサーはいて、夕方のニュースをちゃんとした標準語で読み上げているし、東京のバラエティやドラマなど、ちゃんとした標準語に物心ついた時から触れている。「~ですね」のような喋り方をしているアナウンサーやタレントなど見たこともないのに、なぜだかそれが完全定着しているのだ。そんな地域で育ったため、熊本弁を〝抜く〟作業にはけっこうな時間を要した。

東京に住み始めて間もない頃のある日、私と兄と兄の彼女、現在の兄の奥さんのともちゃんの3人で夕方のニュースを観ていると、熊本のとあるコンビニに強盗が入った、というニュースをやっていた。そのコンビニの店長、おそらく私よりひと回りほど年上の、その当時30歳過ぎと思われる人がインタビューされていたのだが、

「あそこん入り口から、のそーって入ってきてですねー、なんさんすぐレジに来てかってですねー、後ろんポケットからナイフば出してですねー、『金ば出せ！』って言うもんだけんが『ばいた、こら強盗ばい』って思てからですねー、もう抵抗したっちゃどぎゃんもこぎゃんもいかんどー、って思てからですねー、レジに入っとった金ば渡したら、びゃーって逃げっていきよったですもんねー」

店長の話には、一語一句漏らさず以下のようなテロップが入っていた。

「あそこの入り口から、ヌーッとした感じで入ってきましてね、入ってくるや否やレジに来まして、後ろのポケットからナイフを出して『金を出せ！』って言うものですから、『うわっ、強盗だ』と思い、抵抗してもどうしようもないだろうと思いまして、レジに入っていたお金を渡したところ、一目散に逃げていきました」

私は違和感を禁じ得なかった。いや、字幕いらねーだろ、と。字幕なくても皆理解できるよ、と。しかしそう思ったのも束の間、兄貴とともちゃんがその店長の発言でゲラゲラ笑っていた。何も面白い話などしていないのに、なぜ笑っているのか、私にはまったく理解できない。店長は、ただ強盗が来た時の様子を丁寧にわかりやすく話しているだけなのに。

「なんがおかしかと?（何がおかしいの?）」

「いや、こん店長が語尾に『ですね』ば付ければ標準語んなっておもてしゃべよっとがだごうくっ（いや、この店長が語尾に『ですね』を付ければ標準語になると思って喋っているのがスゲーウケる）」

（そっ、そうなんだ?　語尾に「ですね」を付ければ標準語になるんじゃないんだ?）

店長と同じ発想だった私にとっては、コペルニクス的転回。兄貴やともちゃんも上京したての3年前は、店長とどっこいレベルの話し方だったんじゃねーのかよ、とは思ったが、動揺を兄貴とともちゃんに悟られまい、と二人より高めのトーンで私はゲラゲラと空笑《そら》いをしてその場をやり過ごした。が、少なからぬショックを受けていた。そしてその日以降、語尾に「ですね」を付けるのをやめた。いや、なるべくやめることにした。

渋谷のアメカジショップにて

上京してすぐ、渋谷に洋服を買いに行った時。もともとファッションセンスに自信がなく、その日の格好も渋谷を歩いていい格好なのかどうかもわからなかったが、東京にナメられてたまるか、という田舎者特有のケンカ腰で、誰も私に注目などしていないにもかかわらず、野良犬のような目つきで渋谷の街を闊歩《かっぽ》し、通りがかりのアメカジのお店に入ってみた。

いかにも慣れてる感を出そうと、格好つけて「こんにちは」と、ひと声かけて店内に入ると、20代後半の男の店員さんから「お兄さんどちらの出身？」と問いかけられた。「こんにちは」の5文字でも東京の人間ではないということがバレてしまうレベル。愕然とした。モノを食べる時以外は口を開くのをやめよう、と思ったくらいだ。田舎者だとバレないように涼しい顔で挨拶したのに、あっさり撃沈。あまりのショックで、カラフルなシャツやトレーナーが並んでいたが、どの服も喪服のように色がなくなって見える。

ジッとしていても（お前みたいな田舎モンが来るような店じゃねーんだよ）と思われていそうだし、なんとなく服を手にしても（おーおー、お前みたいな田舎モンがその服を着こなせますかねー）と思われている気がして、そそくさと店を出ていった。

そして、どの店に行っても同じようにバカにされるのではないか、と被害妄想満タンになり、渋谷駅に直行し、井の頭線に乗って自宅に帰り、渋谷には数カ月立ち寄らなかった。私にとって渋谷は完全に武装地帯と化していた。〝東京の人間〟という鎧《よろい》も身に着けずに、ドラクエよろしく最初期の〝旅人の服〟で飛び込んでも、ＨＰ（体力）を大幅に削られるだけなのだ。

まあ、冷静に考えてみると、常連客でもないのに服屋さんに「こんにちは」と声をかけて入っていく客などいないわけで、ひょっとすると「こんにちは」の訛りではなく、その行動により田舎者だとジャッジされたのかもしれないが。

バイト先にて

バイト先で言葉が伝わらない、ということも一度や二度ではなかった。企業やホテルのパーティーに派遣される配膳係のアルバイトをやっていた時期があるが、皿やグラスを片付けている時に、割れたグラスの破片で指を軽く切ってしまったことがある。

大したケガではなかったが、一応止血しておこうと思い、顔見知りの先輩に「リバテープってありますか?」と聞いた。

先輩は、

「えっ、何?」

「あっ、リバテープです」

「?? リバ? テープ?」

「はい、リバテープ」

「何それ?」

「?? 指切っちゃったんで、リバテープで止めとこうかと思いまして」

「あー、絆創膏のこと? あるよ、あるよ。なんのことかと思ったよ」

どうやら東京ではリバテープとはいわず、バンドエイドというらしく、リバテープという呼び方は、九州の一部の地域でしかいわないんだそうだ。

これも別にどうということはないエピソードなのだが、田舎者コンプレックス全開の当時の私にとっては(うわっ、またヤッちゃった)と、すごく恥ずかしい思いをしたこととして、鮮明に覚えている。

この日はもう一つやらかしてしまった。同じ先輩に、

「上田君、パントリー行ってきてー」と言われ、

「わかりました」

と、少し離れたキッチンへと向かい、パーティーの料理で大忙しのコックさんをつかまえ、私に課されたミッションを伝え、首を傾げながらその辺を指差すコックさんの指示に従い、戦利品を持って先輩のところに戻った。

「○○さん、コレ」

「ん？　何？」

先輩に戦利品を差し出すと、

「いえ、○○さんに『取ってきて』って言われたんで」

「は？」

「いや、言ったじゃないですか？『パン取りに行ってきて』って」

「……いや、上田君、僕は『パントリー行ってきて』って言ったんだよ。『パンを取りに行ってきて』って言ったわけじゃないよ。パントリーって配膳室のことね」

「…………」

私は両手の上に置いて、丁寧に差し出していた食パンを呆然と眺めていた。まあ、熊本弁の間違いというより、パントリーという用語を知らなかっただけではあるが。『タモリ倶楽部』の空耳アワーに送ったら、手拭《てぬぐ》いもらえるかな？　その時はそんなことを考える余裕もなく、『セサミストリート』のエルモより顔、赤かったと思う。

相方・有田との会話

私と有田は、コンビを組んで最初の2年くらいは、舞台以外では熊本弁で喋っていた。ネタを作っている時は熊本弁、ネタの稽古や本番は標準語。

たとえばこんな感じ。別にどっちが私でどっちが有田でも大差ない。

「ここはこぎゃん感じでボケちかっ、ってつっこんじかっ、って感じでよかどか？（ここはこんな感じでボケて、それで突っ込んでって感じでいいかね？）」

「ばってん、そっじゃわけくちゃわからんど？（いやー、それじゃ訳わかんないんじゃないかね？）」

「なんさんかんさんここばどぎゃんかせなんたいねー（何はともあれここの部分をなんと

かしないとねー）」

「んならいっぺん合わせてみっゃ？（じゃあとりあえず一度ネタ合わせてみようか？）はいどーもーこんにちはー、海砂利水魚でーす！　いやー、この間ね……」

こんな感じでやっていた。そんなある時、ラジオのデモテープを録らせてくれ、という依頼がきた。試験的にフリートークのテープを録音し、それが面白かったら一度ラジオ番組をやらせてみよう、という流れらしい。

私も有田もかなりの意気込みで録音に挑んだのだが、結果はまったくダメ、箸にも棒にもポテロングにも引っかからない、どうしようもないレベル。なぜなら、普段ずっと熊本弁で喋っていたため、標準語でのフリートークができないのだ。

「いやー、有田君、…そのー、最近、何か、そのー、変わったことは、…ありましたかー？」

「……そ、そのー、この間ー、……、電車に乗っていましたらねー、……」

「…………」

「…………」

まったく弾まない。20年使ったテンピュールの枕より弾まない。

二人ともどっぷり落ち込み、次の日から恥ずかしいけど普段から標準語で喋るようにしよう、ということになった。そう、熊本の人間同士が標準語で喋るのは、ものすごく恥ずかしいことなのだ。

次の日、ネタ作りで待ち合わせをしたが、二人ともなかなか言葉を発しなかった。どちらからともなく話を始めたが、

「昨日、夜、あの番組、観た?」

「いや、俺、観て、ない」

アレ、声が、遅れて、聞こえて、くるよ、ばりに途切れ途切れ。二人ともほぼ単語だけで喋り、熊本弁と標準語の差が一番出る助詞を使わないことによって、なんとなくごまかしていた。

しかしその日以来、有田と熊本弁で喋ったことはない。舞台で熊本弁のショートコントをやったり、テレビでわざとお互いに熊本弁で喋ったり、ということは何度かあるが、プライベートではない。もはや、熊本弁で喋ることのほうがこっ恥ずかしくてできない体になってしまった。

40歳前後だっただろうか、熊本のとある店で私が高校の同級生5、6人と飲んでいると、偶然にも有田も高校の同級生5、6人でその店にやって来て、鉢合わせになったことがある。皆同じ高校の同級生だから、一緒に飲もうということになったが、どうにも居心地が悪かった。というのも、先ほど言ったように、熊本の人間と標準語で喋るのはものすごく恥ずかしいから。しかしながら、有田と熊本弁で喋るのはもっと恥ずかしい。よって有田と喋る時は標準語、ほかの同級生と喋る時は熊本弁という、ビビンパのような状態に。

「ばってん、ぎゃんして集まっともたいぎゃ珍しかよねー。あんまにゃーどたい？（でも、こうやって集まるのもかなり珍しいよねー。なかなかないだろ？）有田はこっちのメンバーとはよく飲みに行くわけ？」

「そうねー、熊本に帰ってきた時はちょくちょく行くかもね。ばってん、○○と××と△△に会うとはこうこんそつぎょん時以来じゃにゃーかねー。だごんごつ太ったねー（でも○○と××と△△に会うのは、高校の卒業の時以来じゃないかな？　かなり太ったねー）」

標準語と熊本弁を器用に操る私と有田を、同級生たちは、シルク・ドゥ・ソレイユのショーを初めて見る時のようなポカンとした表情で見ていた。

東京に来て35年近く、なかなか身も心もすっかり東京の人にはなれない。未だに六本木や銀座を歩く時には「俺みたいな田舎もんが堂々と闊歩するようなところじゃないな」と、いつも思うし、スカイツリーからの東京の夜景の映像を見たりすると「なんだよ、東京!!こんなところに住むの大変じゃない？」と、他人事のように心配してしまう。かといってたまに熊本に帰ると、

「アーラ、とうきょん人がこらした（アーラ、東京の人がいらっしゃったわよ）」

とか、

「あたテレビではいっちょん熊本弁はしゃべらっさんな？（あなたはテレビでは全然熊本弁は喋らないですよね？）」

と、よそ者扱いされる。熊本の人間が理解できないくらいディープな熊本弁を喋れるよ！　でも、それをテレビで喋っても、以前のコンビニの店長みたいに全編テロップ入れられるでしょうが！

果たして俺は、どこの人間なんだろう？　一体何者なんだろう？　ふとそういう思いが頭をよぎるたびに、俺は俺で在り続けたい、そう願った*。いや、なんのこと？

＊長渕剛・作詞『とんぼ』より

夜会

～最後の一人にだけは……～

一時期、相方有田は週に10回ほど合コンに行っていた時期がある。今は合コンとはあまり言わないか。婚活というほど重くはないが、お食事会というほどお上品でもない飲み会、といったところだろうか。

週に10回ということは、仮に毎日行っていたとして、おそらくトリプルヘッダーの日はなかっただろうから、ダブルヘッダーの日が3回はあったということだ。すごい連続出場記録だ。衣笠《きぬがさ》祥雄《さちお》さんの連続出場記録の国民栄誉賞に並んで国民不名誉賞を授与してもらってもいいのではないだろうか。

今も以前も、仕事さえちゃんとやっていれば、お互いにプライベートに干渉することはなく、楽しく過ごしていればいいのではないかと思っているが、一度だけ有田に注意したことがある。

その日は『ダウンタウンＤＸ』の収録で、まだあまりゴールデンタイムの仕事、いやそもそもテレビの仕事がそう多い時期でもなかった。久々のゴールデンタイムの仕事、しかもダウンタウンさん司会の番組ということもあり、かなり気合を入れて臨んだ。いや、別に夜中の番組だったら気合を入れない、とかそういうことではないが、視聴者の皆さんへはもちろん、業界の人たちへも影響力のあるゴールデンタイムの仕事は、ついつい力が入ってしまうものである。

その日の収録は、とりあえずまあまあくらいの感じで滞りなく終え、まあまあの充実感に浸りながら、楽屋でメイクを落とし着替えていると、有田の携帯が鳴った。21時くらいだっただろうか。

「はい、もしもしー、ちぃーす！」

「あっ、もしもしー、おはようございます〜！」

別に盗み聞きをするつもりはなかったが、電話の向こうの大きめの声量、軽薄さで、一発でアンタッチャブル山崎からの電話であることがわかった。

「そっちどんな感じよ？」

「ええ、けっこう女の子たちもテンション……で、……感じで盛り上がってます〜」

はっきり聞こえたわけではないが、おそらく女の子たちもテンション高めで、いい感じで盛り上がってます、というようなザキヤマの返答。ザキヤマたちは合コンで盛り上がっているようだ。

「あっ、そう、ってどんな感じよ？」

「ええ、けっこう……い子たちで、…感じっすよ～」

多分、けっこうかわいい子たちで、いい感じっすよ～だと思われる。有田の最初の問いかけ「そっちどんな感じよ？」も、おそらくこっちのほうを先に聞きたかったのだろう。

「おー、いいね、いいねー！」

「有田さん、何時くら……合流でき……すか？」

おそらく何時くらいに合流できそうですか、だろう。何度も言うが別に盗み聞きしていたわけではない。多少途切れ途切れではあるが、漏れ聞こえてくるのだ。

「そうねー、今から30分後には行けると思う。……うん、……はいはい、……じゃあちゃんと盛り上げとくように、うぃーす！」

有田は電話を切ると、ニヤニヤがこらえられないどころかはじけた顔で、そそくさとバッグに手を突っ込んだ。私はメイク落としも着替えも終わり、靴を履いて有田に向かい

「じゃあ、お疲れー」と言おうとしたのだが、有田の行動を見て立ち止まってしまった。有田がバッグからシェーバーを出し、ヒゲを剃り始めるではないか！

私はしばらく有田の顔をまじまじと見つめた。有田は相変わらずのニヤケヅラで、（えーっ、何よジロジロ見ちゃって～、えーっ、何、そんなにこれからかわいい子たちと飲みに行く俺がうらやましいの～？）みたいにせっせとヒゲを剃っている。

「あのさ、別にお前がプライベートで飲みに行こうが合コンに行こうが、それは自由だから全然いいんだけどさ」

「ん？　なになに～？」

ザキヤマと話した余韻のまま私の問いに応える有田。

「でもそれはないいんじゃないか？」

「？？？？」

何やら予想とは違う私のマジなトーンに、意表をつかれたようだが、それでも顔はまだニヤけている。

「ゴールデンのテレビの仕事には無精ヒゲのまま出て、その後の合コンにはヒゲ剃っていくってどういうこと？」

「…………」

「お前のメインはどっちだよ」

「…………」

　さすがにまずいと思ったのか、有田は左半分剃り残したままで気まずそうに髭剃りをバッグにしまっていた。まっ、どうせそのあと、移動中に左半分も剃っただろうけど。それ以上私も問い詰めず、有田も何も答えず、気まずいまま私は楽屋をあとにしたが、有田が何も答えなかったのは、ひょっとしたら合コンのほうがメインだったのかしら？　でもさすがに、

「お前のメインはどっちだよ」と聞かれて、

「合コン」

　とは言えないから、無言だったのだろうか？　そう考えると、あれ以上問い詰めなくてよかったのかもしれない。問い詰めていたら、あの日がコンビ解散の日になっていたかもしれない。合コンが上手くいかなかったことをきっかけにコンビを組んだ二人が、合コンが上手くいきだしたことをきっかけに解散になる。想像しただけでも震えてくる。腹筋鍛える器具に電気を流している時より震える。

それくらい一時期合コンにハマりまくっていた有田だが、20代前半の頃は、私も何度か一緒に合コンに行ったことがある。

一緒に行ったというよりは、有田が集めてくれた女の子たちとの合コンに参加させてもらった、というほうが正しいか。

私は何度か有田に女の子を紹介してもらっている。19歳浪人生の時にも、違う予備校に通っていた有田に久々に電話をして、その流れで女の子を紹介してもらったことがあるし、芸人になってからも10回近くは有田に合コンを開いてもらったのではないだろうか？　ちなみに、私が有田に女の子を紹介したり、合コンを開いてあげたりしたことは一度もない。だってしょうがないじゃないか、女の子のツテとか全然なかったんだから。

そんな有田に誘われて行った合コンでモテたことが一度もない。いかん、見栄を張ってしまった。ほかの合コンではそれなりにモテた、的なニュアンスを出してしまった。ほかの合コンでもモテたことはないが。でも、特に有田主催の合コンに行った時にモテなかったという記憶が、脳ミソに消せないタトゥーとして刻み込まれている。

ある時の合コン。けっこうかわいい子たちの集まっている合コンで、5人対5人くらいで男子は有田と私と、あと3人も大学で上京してきた高校時代の同級生だったと思う。皆でワイワイやりながら、3時間くらい経った頃、一人の男子が、そいつがその日気に入っていた女の子に「○○ちゃんはどこに住んでんの？」と質問をした。

「私、阿佐ヶ谷のほう」

「あっ、そうなんだ？　俺、中野に住んでるからさ、一緒の方向だから送るよ」

「えーっ、ホント？　いいのー？」

「うん、いいよー」

おそらく○○ちゃんもその男を気に入っていたのだろう。あっさり話はまとまり、ほどなくして二人は店を出ていった。先頭バッターが見事な出塁を果たし、男子勢は勇気づけられたのか、あとに続けとばかりに同じ質問を浴びせていった。

「△△ちゃんはどこに住んでんの？」

「私、下北沢」

「あっ、そうなんだ？　俺も三軒茶屋だから送っていくよ」

「あっ、そう。ありがとう！」

二組目も見事成立。二人で仲よく夜の街へと消えていった。そして3番目の男も発進。

「□□ちゃん、どこ住んでんの？」

「私、自由が丘」

「へー、そうなんだ？　偶然だねー、俺も同じ方向」

絶対にウソである。おそらく、その男は自由が丘に足を踏み入れたことはもちろん、自由が丘がどこにあるかすら知らなかったと思われる。その証拠に「俺も学芸大学だから同じ方向」のような具体的な地名を言えてなかった。でも、その3番目の男に誘われた女の子も、

「じゃあ、ありがとう」と答えて、いそいそと荷物をまとめていた。

残されたのは有田と私。有田が先に打って出た。

「☆☆ちゃんはどこ住んでんの？」

「私、神泉」

「神泉ってどこ？」

「渋谷の隣」

「あー、じゃあ同じ方向だ。俺渋谷に住んでるから」

ウソが下手すぎる。本当に渋谷に住んでるならば、隣の駅の神泉くらい知っているはずだ。思わず吹き出しそうになったが、有田が勝負をしている真っ最中なので、言葉をグッとラッパ飲みして見逃してやることにした。

有田に誘われた女の子も、多少苦笑いしたようにも見えたが、それまでその子が飲んでいたピーチフィズより勢いよく言葉を飲み込み、有田のあとに付いていった。

トップバッターの男も本当はお気に入りの女の子と同じ方向であったかどうか、甚だ疑わしいが、まあとにかくそいつが発した「同じ方向だから」という金言を得て、皆、女の子たちと消えていった。おそらく女の子たちも、一緒の方向なわけがない、とは思っていながらも、男子の拙《つたな》いテクニックに乗っかってあげていたのだろうが。

さて、いよいよ私と目の前の女の子二人になってしまった。余った者同士、みたいな気まずい空気が流れる。

「皆いなくなっちゃったね」

「……うん」

「お腹いっぱいになった？」

「……うん」

無駄な話だとわかってはいたが、なかなか例の金言を言い出すきっかけがつかめない。でも、もうそろそろ終電の時間だし、グズグズしてはいられない。（よし、聞こう）平静を装ってはいたが、自分の咽喉から漏れる呼吸がダース・ベイダーの呼吸音のように聞こえていた。

「あっ、あのさ、▲▲ちゃんはさ、ど、どこ住んでんの？」

「関東甲信越方面」

「ブホホッ」

私は吹き出した。この流れでなかなか面白いボケではないか。が▲▲ちゃんは至ってマジな顔。考えてみたらこの3時間ずっと真面目な子だったし、ボケるような子ではなかった。そして（それ以上は聞いてくれるな）と目で訴えている。ボケではないとなったら、あまりに意外すぎる。まさに5秒後に意外な結末。▲▲ちゃんの答えに度肝を抜かれ、

「……あっ、ああ、俺も同じ方向」

違う、確かこんな使い方ではなかったはずだ。でもあまりの驚き、恥ずかしさ、情けなさ、悲しさ、そのほかネガティブな感情が爽健美茶の成分くらいの数押し寄せてきて、それ以上何も言えなかった。「私、ここから近いところに住んでる友達の家に行くから大丈

夫」くらいの嘘を考える時間はあっただろ！

一組減り、二組減りくらいの段階で「私に聞かれたらなんて答えよう」くらいの考えは及んだはずだ。まあ、でもこの段階では、誘われる男次第では正直に答えようと思っていたかもしれない。

しかし、少なくとも有田が、もう一人の女の子に住んでいるところを聞き始めた段階で、俺からのアプローチがあることは予想できたはずだ。だから、それなりに考える時間はあったはずだ。なのになぜ、そのそれなりの時間を使って捻り出した答えが「関東甲信越方面」だ！　しかもこの時だけは「……」もなく間髪容れず、最後通告のようにビシッと言い切ったじゃないか！　「……」があったのは俺のほうだったじゃないか！　別に無理矢理送ろうとしてるわけでも、ましてや送り狼になろうとしてるわけでもないんだから、もうちょい傷つかない返答にしてよー。こう見えて24金のネックレス並みに傷つきやすいんだからー。

「じゃあとりあえず、そこの新宿駅まで送っていくよ」

最低限のマナーとして、他意もなく、本当に居酒屋からの最寄り駅まで送るつもりで言ったが、「大丈夫」と、またしても「……」なしで言い切られてしまった。

居酒屋からの最寄り駅までも送らせてもらえなかった。店を出ると同じ新宿駅から乗るにもかかわらず、「じゃあね」と言って、私は駅とは反対の方向に歩いていき、5分ほど遠回りをして新宿駅に向かい、それから家のある関東甲信越方面行きの電車に乗った。

その数カ月後、有田主催の別の合コン。

その時は、確か4人対4人だったと思うが、最初の2~3時間皆でワイワイやり、またそのうちの一人、ドン・キホーテばりに勇敢な男が突破口を開いた。この場合のドン・キホーテは、ディスカウントショップのほうのドン・キホーテではなく、セルバンテスのほうのドン・キホーテだ。でも、ディスカウントショップのほうのドン・キホーテも、その名前の由来は「行動的理想主義者であり、既成の常識や権威に屈しないドン・キホーテのように、新しい流通業態を創造したいという願いを込めた」ものだそうだから、そういう意味ではディスカウントショップのほうのドン・キホーテでもいいのかもしれない。

この時の勇敢な男は「○○ちゃん、俺の知ってるバーで飲み直さない?」みたいなことを、皆の前で堂々と、とまではいかない、こっそり誘って外に連れ出す感じだった。

それに倣って、次なる男も「俺の知ってる飲み屋でゆっくり話そうよ」というような言葉を発し、自分たちの飲み代を置いて二人で出ていった。残されたのは、またもや有田と私と女の子二人。いかん、またこの流れだ。体が硬直してくる。私にとってのトラウマのようになっている。最後の一人にはなりたくない。行動力のない男みたいでなんか情けないし、取り残された感も半端ないし。でも、先の二人は上手いこと女の子とツーショットで出ていくことに成功したが、もし断られたら、そういう場合はそのあとどうすればいいんだろう？「知ってるバーで飲み直すよ」とかなんとか言って、私一人で抜けることになるのだろうか？　でも女子二人いるのに、男子は有田だけという状況にするのも有田に申し訳ない。かといって今お誘いに失敗したばかりの人間がそのまま居座り続けるのは、カナリヤがいたら死んじゃうくらいの空気の悪さではないだろうか？　と、そんなことを考えていたら、有田が言葉を発した。

「〇〇ちゃん、その辺に俺の知ってるカラオケボックスがあるんだけど、二人でワイワイ楽しく歌わない？」

しまった、先を越されてしまった。しかも、私が声をかけようと思っていた女の子のほうに有田が声をかけているではないか。それにしても「知ってるカラオケボックス」ってダサくない？　カラオケボックスは知ってようが知ってなかろうが、大体お店の雰囲気も、システムも、入ってる曲も似たようなものだ。知ってるからリラックスして過ごせるとか、マスターがよきにはからってくれるとかは、あまりないんじゃないだろうか。

多分、大手カラオケボックスの名前を文字通り知ってる、というような、認知している、というだけだったような気がする。しかもワイワイ楽しく歌いたいのなら、4人で行ったほうがいいだろ？　疑問だらけのアプローチではあったが、まあとにかくまた有田に先を越されてしまった。

「あっ、うん、楽しそう」

ノリのいいその子は、有田の誘いに疑問を持つことなく、私物をバッグに入れて、プロレスのリングシューズばりに面倒くさそうなブーツを履いて、有田と一緒に居酒屋をあとにした。

またこのパターンに陥ってしまった。最後の一組にはなりたくなかったのに。沈黙に耐えきれず、無駄な話で間を埋める。

「皆行っちゃったねー」

「ねー。どこ行ったんだろうねー」

「ホントだよねー。まあでもうまいことツーショットになったもんだねー」

「ホント、ホント」

無駄話とはいえ、その子も決して嫌な空気という感じを出しているわけでもなく、それぞれのツーショットを、それはそれで大人として受け入れている感じもある。これは意外とチャンスかもしれない。下手に仕切り直すと、また空気作りからやり直さなくてはならなくなるだろう。このままの流れで誘ったほうがよさそうだ！　意を決して、しかしあくまで同じトーンで誘ってみることにした。

「あのー」

まだ誘いの言葉は何も発していないにもかかわらず、その子が即答した。

「無理ー」

切り返し早すぎない？　2文字と伸ばし棒だけで拒絶の意を示されてしまった。その辺に知ってる店なんかもちろんなかったし、なんて誘い文句にするかも迷ってはいたけど、もうちょい聞きなよ。導入で答えるな。俺の誘い話はイントロクイズか！

この日以降、有田との合コンには行かないことにした。厳密に言えば誘われなくなっただけのような気がするが……。

有田はそれ以降も、というよりそれ以降、本格的に合コン活動にエネルギーを費やしていたようだ。あまりにエネルギーを費やしすぎて、写真週刊誌『ＦＲＩＤＡＹ』に３週連続で写真を撮られたりしていた。『ＦＲＩＤＡＹ』で連載を始めたのか、と思った。

勧誘

〜アンジャッシュ・児嶋と初めてのナンパ〜

人生で一度だけナンパをしたことがある。路上で知らない人に声をかけて一緒に飲みに行く、という類のヤツだ。

元来人見知りの私、自分から人に声をかけるということができない。収録でテレビカメラが回っていればなぜか平気なのだが、一旦カメラを止めて収録が中断したりすると、途端に何を話しかければいいのかわからなくなったりする。「カメラを止めるな！」と強く訴えたい二大上田といえば、上田慎一郎と上田晋也といわれている。

なんとかしてこの人見知りの性格を直さなければならない、というのが私の人生のテーマの一つでもあるのだが、20代の頃は特にその気持ちが強かった。というのも、20代の頃は、漫才やコントを作ったりして芸人と名乗ってはいても、自分という人間自体が芸人になれているのかどうか、いつも不安を抱えていたから。

事あるごとに「芸人はこうあらねばならない」「芸人なんだからこういう行動をしなき

ゃダメでしょ」といった考えに基づいて動いていた。

時には、世間的には非常識と思われるような行動でも、そっちのほうが面白い、芸人っぽいという行動であれば、迷わずそっちの行動を取っていた。要は昔ながらの〝破滅型芸人〟に憧れているだけで、芸人になりきれていないからこその発想といえるだろう。

であるから、芸人なんだから誰とでも自ら喋れるようにならないといけない、と今以上に強く思っていた。まあ、これに関しては、そっちのほうがいいだろう、と今でも思うが。


ある日、アンジャッシュやアンタッチャブルが所属する「人力舎」が、新宿永谷ホールで主催しているライブ『バカ爆走』に出演後、アンジャッシュ児嶋が「今日なんか違ったことしませんか？」と突然の提案をしてきた。

その当時児嶋は、私の家の合鍵を持っており、しょっちゅう私の家に入り浸っていた。いつもなら一緒のライブに出演したあとは、どこかで食事を済ませ、私の家に行き、ダラダラとお笑い論を語ったり、ゲームに興じたり、というのがお決まりのパターンだったのだが、その日はそれとはなんか違ったことがしたいという。

「なんか違ったことって、たとえば？」

「上田さん、ナンパしたことあります？」

「……いや、ないな」

「俺もないんですよ。芸人でナンパもしたことないってマズくないですか？」

「……うん、確かに」

「勇気出してやってみますか？　もしダメならダメで、それもネタになりますし」

「……そうだな、芸人ならなんでもやってみないとダメだよな」

「ちょっとやってみましょう」


夜な夜な芸人論を語り合っていた私と児嶋。児嶋も「芸人はこうあらねばならない」という思いが強く、早くどっぷりと芸人になりたい、と思っていた。

児嶋に引っ張られる形ではあったが、人生初めての路上ナンパを決行することになった。

最初の10分ほどは、なかなか声をかける勇気が出ないのをごまかすために「ちょっとあの子は好みじゃないよな」とか「あの子は急いでるみたいだから、声かけてもムダだしな」などと、1カートンほどの言い訳を並べ立てていたが、どちらからともなく「今日の目的は声をかけることであって、好みとか好みじゃないとかはどうでもいい」とスローガンを思い出し、次に出会う二人組の女の子がいたら、絶対に声をかけよう、ということになった。

次に出会った二人が我々より半世紀ほど長く生きてらっしゃる人だったらどうするんだろう、仮にそういうお二人が目に入っても目に入らないようにすることは可能か、などと持ち前の不必要な思考を展開しつつ辺りを見渡すと、年齢的にも我々と同じくらいの、二人組の女の子が目に入ってきた。しかもかなりの美人二人組！　好みとか好みじゃないとかはどうでもいい、とは言ったが、絶対どうでもよくない。飲みに行ってからのテンション、口数もまるで違うだろう。私と児嶋は、この千載一遇のチャンスに飛びつき、しかしながらなんとか平静を装い、いかにも慣れているかのような口調で声をかけた。

「よかったら飲みにでも行きませんか？」

ある意味ではこれで目的達成である。声をかけることがこの日最大の目的であり、飲みに行けるかどうかはあくまでオプション。しかもかなりの美人二人組、断られるに決まっている。

「はぁ、じゃあ、はい」

な、な、なんと、快諾してくれた。鼻で笑われたり、最悪無視されたりするのかな、成人になってからの無視はけっこう応えるだろうな、とウナギのかば焼きを食べても味を感じないくらいの緊張で身構えていたが、オッケーが出たではないか！　ナンパ楽勝！　なんで今までやらなかったんだろう？　ひょっとしたら私はナンパの天才なのかもしれない。出生の秘密を聞いていないだけで、イタリア人の血が流れているのかもしれない。そういえば鼻筋がジローラモさんに似ていなくもない。

私と児嶋は、ストアーズのCMばりに踊り出す寸前のテンションになったが、そこは平静を装わねばならない。いや、平静どころか「あっ、行きます？　まったくそんなグイグイこられるんじゃしょうがねーな」くらいの、ちょいと迷惑なんですけど的な空気すら漂わせて、美人二人組と連れ立って近所の居酒屋に入った。

適当に注文を済ませ、お互いに軽い自己紹介をし、歓談に入った。

私も児嶋も、初めてのナンパが上手くいき、テンションもけっこう高かったのだろう、トークが冴え渡り、全部の話や突っ込みがウケまくる。きっとこの日はチャップリンよりウケたと思う。ひょっとしたら、これはあるぞ。初めてのナンパでお持ち帰り。『はじめてのおつかい』番外編で取り上げられたら、きっと所ジョージさんも泣いてくれるだろう。

東京に来てからこんなに楽しい夜はなかったかもしれない――、悦に入りながら前に座っている女の子の笑顔を見ていると、はて、この子、どこかで見たことがあるような気がする――どこだろう？　綺麗な子だからひょっとしたらモデルさんかな？　テレビとか雑誌とかで見たことがあるのかな？

なかなか思い出せないまま、また数分間喋り続けていると、その子がうっすら微笑むような表情を見せた。その瞬間、ある一枚の写真を思い出した。

その当時、有田は彼女ができると、その彼女の写真をなぜか私に見せたがる習性があり、この日のおよそ3週間前にも、「いやー、俺新しい彼女ができたんだよねー。写真見る？」と、ラクダの遺伝子が入ってるのかなと思うほど鼻の下を伸ばして、私が「見る」とも言っていないのに自慢気に見せてきた。そこにはスラリとした綺麗な女性が写っており、うっすら微笑んでいる。

有田は自慢気に「ねっ、かなり綺麗でしょ！」と、今年のミス・ユニバースはこの子に決定です、くらいのテンションで高笑いしていた。

目の前に座っている女の子のその微笑みは、私が3週間前有田に見せられた写真の微笑みと同じであった。『ユージュアル・サスペクツ』のようにすべてがつながった。（あっ、この子、有田の彼女だ！！！）

マズい、これはとてつもなくマズい！　『ハリー・ポッター』のゼリービーンズゲロ味よりマズい！　すべてをわかってしまった私は、動揺を悟られないように席を立ち、店の外に出ると急いで有田に電話をした。有田はワンコールで出た。

「もしもし」

この上なく不愉快そうな出方。

「もしもし、俺だけど、スマン！　お前の彼女ナンパしてしまった！」

「聞いたよ、彼女に！」

どうやら彼女が一足早く有田に電話をしていたらしい。

「なんで俺の彼女誘うかね？　この間写真も見せたでしょうよ！」

「いや、ホントにスマン！　写真のこと全然忘れてて、何か見覚えあるなー、と思って、今思い出してすぐ電話した」

「………………」

「大丈夫、もちろん指一本触れないし、あと2時間飲んだらちゃんと送っていくから！」

「？？？？」

なんであと2時間楽しもうとしたのか、今となっては訳がわからない。しかし、当然のことながら楽しむどころではなく、湯冷めもしたことのない私が、酔いもテンションも一気に冷めた。

何も事情を知らない児嶋は、相変わらず楽しそうにトークを続けている。一旦会話が落ち着いたところで、児嶋をこっそりトイレに呼び出し、すべてを話した。私の話を聞いた途端、児嶋の酔いもテンションも一気に冷めて、顔が真っ白になっていた。そのまま舞妓さんが務まるよというくらいの白さであった。

おそらくそれは、私も同じだったと思われる。私など繊維の奥まで真っ白だっただろう。有田との約束通り、きっちり2時間だけ飲んで、有田の彼女たちを駅まで送っていった。


後日、有田に聞いたところ、どうやら有田の彼女は、友達と一緒に我々が出たライブを観に来ていたらしく、ライブ後アテもなく歩いていたところを、初めてのナンパ出演者二人組に声をかけられ、彼氏の相方から誘われ、断るのも申し訳ないのかなと思い、付いていった、とのこと。やはりナンパの天才ではなかったようだ。改めて鼻筋を見たけど、生粋の肥後もっこす、親父の鼻と一緒だ。

この時のことは有田に本当に申し訳なかった、と思っている。何せ相方の彼女をナンパしただけでなく、お持ち帰りなんてこともうっすら考えてしまっていたから。有田とその彼女は、それからほどなくして別れたらしい。ひょっとしたらこのナンパ事件が、なんらかの原因の一つになっていたのかもしれない。

それからしばらくは、有田に対して非常に肩身の狭い思いをしていた。有田と一緒の楽屋が窮屈でしょうがない。あんな窮屈な思いをしたのは、私と『アラジンと魔法のランプ』のジーニーくらいだろう。この事件を機に、「芸人はこうあらねばならない」とか「芸人なんだからこういう行動をしなきゃダメでしょ」という考えは捨て、ありのままの姿を見せよう、と『アナと雪の女王』のエルサより先に唱え始めた私は、苦手なことはしないことにしている。

聴取

〜午前3時の職務質問〜

「始動」のところでも書いたが、20代前半の頃、高校の同級生で同じラグビー部に所属していた〝ブリーフ〟というあだ名の友人が、東京でも偶然近所に住んでいた。

私はしょっちゅうブリーフの家に遊びに行き、二人で夜中、遅いときは明け方までゲームに興じていた。その日は夕方からブリーフの家に行き、遊戯王って俺のこと、と思うくらいしこたま遊んで、夜中の3時くらいにブリーフの家を辞すことになった。

別に酒も飲んでおらず、スタスタと足早に自宅に向かっていると、30代前半くらいのおまわりさんに呼び止められた。

「君、君、ちょっといい？」

「？？　はい」

「こんな夜中に何やってんの？」

「あー、すぐそこの友人の家で遊んでました」

「友人の家ねー……」

まったく信じてもらえていないようだ。〝このあとスタッフが美味しくいただきました〟と同レベルで疑われている。すると、その警官は無線機でほかの警官に連絡を取り始めた。

「こちら○○、犯人の特徴を教えていただけますか、どうぞー」

「えー、こちら××、犯人は20代前半、Tシャツにジーンズ、白のスニーカーと思われます、どうぞー」

「こちら○○、それらしき人間に今、職務質問中です」

えーーーーーっ、何？　何？　俺何かの犯人になってんの？？？

確かに、Tシャツにジーンズ、白のスニーカー姿だけど、こんな格好の奴いくらでもいるだろ？　この格好はかぶってもおかしくないだろ？　DJ KOOみたいな恰好で、夜中3時に路上で「イージードゥダーンス」とでも叫んでいるんなら、それはかぶらないだろうけどさ。えっ、俺何した？？？　さっきサッカーゲームで負ける直前にリセットボタン押して、試合をなかったことにした件？　アレでブリーフが通報した？　いや、さすがにそれはないだろう。

仮にブリーフがその件で通報していたとしたら「おー、君ヤバいじゃん！　今のひと言でレッドカード5枚出てますからねー」と、警官が職務質問すべき相手はブリーフになっているだろうから。まったく身に覚えがない。が、警官は〝コリャ運よくお手柄にありつけそうだ〟の顔をしている。

「えー、君ちょっとバッグの中身見せてもらっていい？」

「はぁ、どうぞ」

素直にバッグを差し出すと、警官はがさつな手つきで中身を検め始めた。

「ん？　おい、お前コレなんだ？」

ん？　呼び名がお前に変わっている!!　きっと学生時代、初日に相手の下の名前を呼び捨てにできたタイプだと思われる。

警官が私に向かって差し出した物を見ると、銀行の通帳であった。ただし妹の。それには理由がある。当時の私は妹と二人暮らしをしていたのだが、私は大学を中退し、芸人を始めていたため、当然のことながら親からの仕送りはストップされ、アルバイトでなんとか食いつないでいた。いや厳密に言うと食いつなげてはいなかった。

3社くらいの街金から限度額いっぱいのお金を借り、A社の返済日にはB社からお金を借りて返済し、B社の返済日にはC社から借りて返済し、C社の返済日にはA社から借りて……という、まさに自転車操業を続けていた。

しかしながら、あまりバイトに入ることができなかった月は、生活費を借りる枠もないため、大学生で親から仕送りしてもらっている妹に、「東京は怖いところだから、銀行の通帳とかカードはお兄ちゃんが預かっておこう」と提案し、口座から拝借する、ということを日常的に繰り返していた。本当は怖いのは東京ではなく、兄なのだが。運悪くその日も、妹から銀行の通帳とカードをパクり、いや預かり、数万円を下ろし、そのままバッグに入れている状態であった。

「い、いや、こ、これは、い、妹に、ぎ、銀行で、お、下ろしてくるように、た、頼まれまして……」

キングオブあたふたの称号を得られると思われる挙動で説明し、財布から自分の免許証を引っ張り出し、銀行の通帳と苗字が一緒であることでなんとか証明しようとした。

警官は、苗字が同じであることはしぶしぶ認めながらも「あやしいなー」とつぶやき、3日連続で寝違えたのかな、と思うくらい首を傾げた状態で私のほうを睨んでいた。

そして、どっちの方向から歩いてきたのか、とか、今日一日の行動を教えろ、とか、職質を超える取り調べが始まった。マズイ、このままでは明日から臭い飯を食わされることになる。当然のことながら、この場合の〝マズイ〟は臭い飯の味が〝マズイ〟のほうではない。

取り調べの最中、ほかの場所にいる警官同士の無線のやり取りが聞こえてき、なんとなく事件の概容がわかってきた。

どうやら、とあるおばあさんの家に強盗が入ったらしく、犯人は20代前半、Tシャツにジーンズ、白のスニーカー姿で、家に押し入ってからさほど時間も経っておらず、強盗があった場所からさほど離れていない、この辺にいるのではないか、ということのようだ。

取り調べが20分近く続いただろうか、最初は早目に解放されたい一心で、素直に答えていた私も、だんだんイライラしてきており、態度も『今日から俺は!!』の開久《あけひさ》の相良《さがら》くらいの感じにはなっていた。ロビン・フッドとウィリアム・テルと那須与一を足して、そこからロビン・フッドとウィリアム・テルと那須与一を引いたくらい的を射ない質問を繰り返す警官に向かって、無線のやり取りも耳に入っていないかのようなふりを装い、イラつきも隠さず聞いてみた。

「一体何があったんすか?」

するとその警官は、声のトーンをやや落とし、上目遣いをしながら、刑事ドラマで何度か観たことのあるセリフを吐いてよこした。

「何があったかは、お前さんが一番よく知ってるんじゃないか?」

ウソでしょ?？? もうアンタの中では俺が犯人で確定してんの? 20代前半、Tシャツにジーンズ、白のスニーカー姿ってだけで? きっと心の中では私のことを〝ホシ〟と呼んでいるに違いない。あとは私が〝完落ち〟するのを待つのみ、という心境なのだろう。

それにしても30代前半くらいで犯人のことを〝お前さん〟って言うかね? どの刑事ドラマに影響されたんだよ? いや、その前に俺犯人じゃないわ! マズイ、どうやって私が犯人でないことを証明すればいいのだろう? ブリーフの家に警官と一緒に行き、今までゲームに興じていたことを証言してもらうか? いや、でもこの警官の決めつけぶりから察するに、きっとブリーフの証言も信じないだろう。こうやって冤罪というものは生まれるのか。

このままだと「ハイハイ、話は署に行ってから聞くから」と言われるのは時間の問題だ。まあ、そのセリフを吐くのはドラマでは私服の刑事だったが、この警官はドラマの影響を強く受けていそうだから、言っても不思議ではない。

どうしよう、署に連れていかれる。取り調べでは、やはり机にあるライトの光を顔に当てられたりするのだろうか？　眩しさのあまり「私がやりました」と言わないように気をつけなければならない。そしてやはり、カツ丼を頼んだほうがいいのだろうか？　牛丼や親子丼を頼んだら「定番のものを頼まんかい！」と机をバンバン叩かれるのだろうか？もし、丼物の気分じゃなかった場合、バーニャカウダとかを頼むことは可能なのだろうか？

「老い先短い婆さんからパクった金で食うバーニャカウダは、さぞかし美味しいだろうなー！」と灰皿を投げつけられるのだろうか？　いや、それに関しては大丈夫だろう。なぜならバーニャカウダの気分になったことは人生でただの一度もないから。

そんなことを考えていると、いや、そんなことは考えていなかったが、興奮した様子の、焦った声がその警官の無線に入った。

「こちら〇〇、犯人確保ーー！　至急×丁目の△△に集合してくださいー！」

私の無罪が証明された瞬間であった。ホッとすると同時に、さてこの警官は私にどういうお詫びをするのだろう、と安土城の天守閣から見下ろさんばかりの気分で警官を見やった。平身低頭し詫びの言葉を1ダースほど並べるのか？　それとも苦笑いで言い訳をするのか？　さてどっちだ？　完全に立場逆転した私と警官。冷めた目つきでうっすらと笑みを湛《たた》え、余裕しゃくしゃくの私に、警官は無線を切ってゆっくりと振り返りこう言った。

「てこずらせんじゃねーぞ！」

お詫びでも言い訳でもなかったーーーーー！　全然立場逆転してなかったーーーーー！　てこずらせた覚えもねぇーーーーー！　まさかの結末！　よくこの状況で強気でいられるね？　心臓の毛がドレッドヘアになってんのか！　警官は自転車に跨ると、競輪の最後の1周か、というくらいの猛スピードで真犯人が確保された現場《げんじょう》へと疾走していった。


一人取り残された私は、イライラやモヤモヤやモンモンといった、パンダの名前には採用されそうにない繰り返し言葉の感情をいくつか抱き、そのまま帰っても寝られそうにもないため、今一度ブリーフ宅へと踵《きびす》を返し、ちょうど寝入った頃のブリーフを叩き起こし、一連の出来事を話して聞かせた。

ブリーフは私の話を聞いている間、ほとんど目を瞑っていた。きっと私の怒りを察して、しみじみと感じ入っていたのだと思う。そして、私は再びゲームの電源を入れ、目を瞑って私の話に感じ入ったままのブリーフにコントローラーを一つ渡し、格闘ゲームを差し込んだ。普段出したことのない↓←↑↑→↓Bボタンのような複雑な技を駆使し、ブリーフが扱うキャラを先ほどの警官に見立てて、ズダボロにしてやった。ブリーフは相変わらず目を瞑って、私の技をひたすら受け続けてくれた。きっと、私の怒りが収まるまですべての技を受けてやろう、という優しさだったのだと思う。

それにしてもあの警官には本当に腹が立った。でも、私はけっこうあっさりした性格なので、65、66歳になればあの怒りも忘れると思われる。

違反

～会ってはいけない子～

20代中盤の頃、とある雑誌で、私と有田がテレクラで2時間、どちらがより多くアポを取れるかという対決の企画があった。

テレクラといってもなんのことやらわからない、という読者の方も数多くいらっしゃるだろう。簡単に説明すると、お店にもよるが、男性が1時間1000円前後の料金を支払い、それぞれ狭い個室に入る。個室にはテーブルに置かれた電話と椅子1脚。その電話に暇潰しや遊び相手を探している女性、まあ中にはお店から雇われている女の子で、バイトとして電話をかけてくる女性も少なからずいたのではないかと思われるが、その電話をかけてきた女の子とお喋りをし、お互いに意気投合したら、どこかで待ち合わせをしてお食事なり何なり、というシステムのもので、昭和の終わりから平成の始まった頃には、かなり流行ったアミューズメントスポットだった。

ん、アミューズメントスポットなのかな？　まあ、少なくともそのお店自体にいかがわしさはないシステム、いや、ひょっとしたらこんな感じではなかったのかもしれないが、何せこの雑誌の企画の時の一度しか行ったことがないから、この一度のテレクラ経験の記憶のみで書いているが。

まあそういった、この企画に誰が興味があるのかわからない、私が勝とうが有田が勝とうが、読者も、雑誌社も、そして私と有田、当の本人たちでさえもどうでもいいと思っている、プライドを賭けた闘いならぬプライドの欠けた闘いが始まった。

私と有田それぞれの個室に入りいざスタート。確か、そこのテレクラのシステムとしては、どこか外からそのお店に女の子が電話をし、そこのお店に仮に5部屋あったとして、電話が鳴って一番早く出た人が、電話をかけてきた女の子とお喋りができる、という形式だった。電話機に付いているランプが光ると、女の子から電話がかかってきた、という合図だ。

企画がスタートして1~2分で電話がかかってきた。「プルッ」と鳴った瞬間に受話器を取ったのだが、どうやら遅かったようで、最初かけてきた女の子との通話権は、私でも有田でもなく、ほかにも数人、雑誌の企画とは関係のない普通のお客さんもいて、その誰かが得たようだ。

この店の壁はクリスピーのピザばりに薄いのだろう、どこかの部屋から楽しそうに会話する声が、はっきりと聞こえてくる。慣れた感じの喋りで、じっくりと話している。この店の常連さんなのだろうか。

私と有田のほうは、いくつのアポを取れるか、という企画なので、長話をして仲良くなるのが目的ではない。もちろん相手の女の子に、こちらの素性は明かさない。適当な偽名と年齢、職業を伝え、5分ほど喋ったら会ってくれるかどうかの確認をし、相手の女の子から「会う」という言質《げんち》を取って、連絡先をゲットできたら1ポイントという、改めて言うが、本当にどうでもいい企画であった。

しかしながら引き受けた仕事、真面目に挑まないわけにはいかないので、電話のランプが点いたらすぐに取れるよう、受話器に手を置いて臨んだ。

1~2分後、ランプが点いた。(けっこうなペースで電話かかってくるんだな?)などと感心したのが瞬発力の邪魔だったようで、またもや通話権ゲットできず。聞こえてくる声に耳を傾けると、どうやら有田が権利をゲットしたようだ。

「もしもしー」とテンション高めの声がその辺から聞こえてくる。高校時代から聞き慣れている、女子と話す時特有の、私と話す時よりは3オクターブくらい高く、ニヤニヤしているのが手に取るようにわかる声で喋っている。

しばらくすると有田の「あっ、ホント？　会ってくれる？　ありがとう」という、さらに1オクターブ上がったいやらしい声。こういう時の有田はマライア・キャリーより音域が広い。どうやら1ポイント取ったようだ。

有田が女の子と話をしている間にも何度か呼び出し音が鳴ったが、ほかのお客さんたちがいち早く受話器を取り、次々に女の子と会話をしている男の声が、あぶらとり紙ばりに薄い壁から聞こえてくる。

私と有田を含め何人くらいいるのかわからないが、多分6、7人はいるようだ。てっきり私と有田のタイマン勝負かと思っていたのだが、普通にテレクラに遊びに来たお客さんに紛れた形で、どっちが数多くのアポを取れるか、という勝負のようだ。

数分待っているとまた電話のランプが点いた。よし、俺が一番早かった、と思い「もしもーし」と喜び勇んで出てみたが「ツー、ツー」と電話がつながっていない音。ここは激戦区のようだ。甲子園の神奈川県予選の気分。なかなかつながらない私を見るに見かねたのか、雑誌社のスタッフさんが私の部屋に入ってきた。

「上田さん、まだ1件もつながってないですよね?」

「なかなか難しいですねー。皆速いですねー、受話器取るの」

「何かコツがあるらしくて、受話器はハズしておいて、指でそのペコッとヘコむ部分、フックボタンを押しといて、電話機のランプが点いたら指を離すっていうのが一番速いらしいです」

「へー、そうなんですか? じゃあやってみます」

スタッフに言われるがままその方法でやってみた。すると、次の次くらいにかかってきた電話が私とつながった。ひょっとすると、有田を含めほかのお客さんが全員通話中で、空いていた私とつながっただけかもしれないが、とにかくつながった。

「もしもしー」

「あっ、もしもしー、こんにちはー」

若そうな、でもちょっとけだるそうな女の子の声。

「どうもー」

「どうもー」

「はじめましてー」

「はじめましてー」

やまびこかと思うくらいの不毛なやり取り。こういうところでは何を喋るのだろう？　ルール上素性も明かせないし、もちろん企画内容を話すわけにもいかない。かといって、あまりに会話が弾まないと電話を切られてしまう。とりあえず適当に喋ることにした。

「お姉さん、年いくつー？」

「ハタチー」

「そうなんだ。仕事は何してんの？」

「学生ー」

「あー、学生さんね。大学生？」

「そう。お兄さんは何の仕事してる人ー？」

「俺はルポライター」

「ルポライター？　ルポライターってどんな仕事？」

「まあ、雑誌に記事書いたりしてる」

ルポライターがどういう仕事か未だにはっきりとは知らない。おそらく雑誌の企画で行っていたため、何の職業でもよかったのに、影響されたものと思われる。

「へー、どんな記事?」

「最近は、政治の裏側とかプロ野球の今後の予想とか」

今一度言うが、ルポライターがそういう記事を書く仕事なのかどうか知らない。

「へー、そうなんだー?」

「お姉さんは、テレクラとかけっこう電話したりするの?」

「んー、たまーに、暇つぶしで」

「あっ、そうなんだ? 電話した相手と実際会ったりしたことある?」

会えるかどうかがポイントであって、会えなさそうなら早々に切り上げたほうがいい。

「んー、1、2回あるよー。お茶しただけだけど」

脈ありかもしれない。

「あー、そうなんだねー。ちなみにどっち方面に住んでんの?」

「三茶」

三軒茶屋、我々がいたそのテレクラは渋谷、電車で5分くらいの距離だ。大いに脈ありかもしれない。初めて電話がつながった喜びと、有田の声が、日体大のエッサッサくらいのボリュームでずっと聞こえていたため、私も早くポイントを取らないと、という焦りもあったのだろう、まだ2分くらいしか喋っていなかったが、ズバリ本題に入ることにした。

「俺がいる店が渋谷にあるのは知ってるでしょ？」

「うん、知ってるよー」

「こうやってせっかくつながったし、場所も近いし、会ってみない？」

「えー、だってお兄さんがどんな人か全然わかんないし」

「年は26」

「けっこう若いんだね？」

「そう？　仕事はルポライター」

「それは聞いたー」

ちょっと踏み込んでみることにした。

「って、この間とある雑誌にお笑いの記事書いたんだけど、お笑いとか好き？」

「あー、好き好きー」

もうちょいアクセル踏み込んでみるか。ただし声がダダ漏れだから少々声を落として。

「バラエティ番組とか観る？」

「うん、観るよー」

「あっ、そう？　『ボキャブラ天国』とか観たことある？」

「あー、あるよー」

「そうなんだ？　好きな芸人とかいる？」

「んー、あんまりよくは知らないけど」

「あっ、そう？　……海砂利水魚って知ってる？」

アクセルをベタ踏みすぎた。でも、まだこれくらいはルール内だ。

「あー、うーん、なんとなくわかるよー」

「海砂利水魚だったら会わせてあげられるよ！」

はい、ルール外。信号無視違反。3カ月以下の懲役または5万円以下の罰金である。いや、でも、有田にあおり運転されて、仕方なかったんです。

「え、そうなの？」

「うん、友達だから俺が呼べばすぐ来るよ」

「ホント？　会ってみたーい」

よし、1点ゲット。信号無視違反で2点の反則点は犯してしまったが、こっちの1点のほうが大事である。

「じゃあ、今度会おうよー。連絡先とか聞くこと可能？」

「っていうか、今から海砂利水魚呼べたりするの？」

ん？　意外と乗り気なのね？　正直、海砂利水魚という名前を使ってのお誘いなど、トラクターでの路上ナンパくらい乗ってこないだろうと思ったのだが、思いのほか食いつきがよかった。ちょいと誇らしい気分。

「あー、そうねー、今日の夕方以降は空いてるって言ってたなー」

その日は、この雑誌の仕事しか入っていなかったため、このテレクラ取材が終わったあとはガラ空きである。

「えー、じゃあ今日会おうよー。私も暇だし」

「あっ、そう？　わかったー、呼んどくー」

実際に会ってはいけない、というルールはなかったものの、なんとなく後ろめたい気持ち、いや前も右も左もめたい気持ちだったが、背に腹は代えられない。この場合の背と腹って何のことか私にはわからないが。

「じゃあ私の携帯の番号教えとくね！　海砂利水魚、ちゃんと連れてきてね」

私の連絡先は教えず、一方的にその子の携帯の番号だけを聞いて、雑誌の仕事が夕方5

時くらいには終わりそうだったので、6時に渋谷のモヤイ像前で待ち合わせすることにした。雑誌の企画のほうはまだ残り時間が1時間以上あったが、とりあえず1ポイント取ったからいいや、という気持ちと、実際に女の子と会う約束を取りつけた、という優越感から、そのあとの時間は適当に過ごし、誰とも電話をつながず、そのままタイムアップとなった。

企画の結果は、確か5対1か6対1で有田の勝利だったと思う。最後に勝利者の笑顔と敗者の悔しがっている顔を写真撮影するということになり、有田は、『賭博破戒録カイジ』のギャンブル主催側のいやらしいニヤケヅラで勝ち誇っていた。私は満面に悔しさを湛えて写真に収まったが、内心は完全なる勝者、全能の神の気分であった。

取材企画はすべて終了したが、女の子との待ち合わせの時間までまだ多少の時間があったため、雑誌社の人たちとテレクラの難しさや楽しさなど、正直どうでもいい雑談をして時間を潰し、適当な時間になった時にその場を辞した。（どんな子が来るんだろう？　かわいい子だったらラッキーだな。目印として赤い大きめのバッグ持ってるって言ってたな。「アレ、ルポライターの人は？」って聞かれたら、正直にネタバラシすればいいか。そういえば、あの子の名前も聞かなかったな。名前も知らない子と会うなんて人生で初めてだな。まあでもそれはそれで新鮮かも。名前も知らずにデートして、それがお付き合いとかに発展したらドラマみたいじゃない？　それがさらに発展して結婚まで行き着いたらどうする？　ん？　でも、もし結婚まで行き着いたとして、子どもが生まれて、その子どもが大きくなった時に「お父さんとお母さんはどうやって出会ったの？」って聞かれたらなんて答えようかな？「雑誌の企画でテレクラで」とは答えづらいなー。街中でお母さんを見かけて、一目惚れしてお父さんから声かけた、とかにする？　まあ、それはあとあとさやかちゃんと話し合えばいいか。っていうか、さやかちゃんって名前かどうかわかんないじゃん。電話で話した感じだとさやかちゃんって感じだったなー。さやかちゃんって名前、いいなー。多分違うんだろうけど）などなど、右脳にベーキングパウダー入れたのか、というくらい妄想を膨らませ、スキップを超えて、プーマのマークに採用されるんじゃないかというくらいの跳ね方でモヤイ像前へと向かった。

モヤイ像が見えてきた。待ち合わせをしているのであろう人が数人たたずんでいる。20代前半の赤い大きめのバッグを持ってる子はいるかな？　いた！　あの子だ！　おっ、けっこうかわいい！　タヌキ顔かキツネ顔かで言えばタヌキ顔、イヌ顔かネコ顔かで言えばイヌ顔、カワイイ系かキレイ系かで言えばカワイイ系、人懐っこい感じで、正直好みだ！　やはり今日の勝者は俺だったんだ！　はやる心を抑え、平静を装い一歩一歩その子のほうへと近づいていった。まだ向こうは私の存在に気づいていない。もうあと6〜7メートルといったところか。一歩、そしてまた一歩近づく。もうあと4メートル。向こうはまだ気づかない。そしてまた一歩近づく。もうあと3メートル。目が合った！　向こうはその瞳に私を捉えると、少し見開いた。私はさらに一歩歩を進めた。その距離2メートル。彼女はこう言った。

「なーんだ、海砂利水魚のこっちか」

急激に恥ずかしい気持ちになった。仕事を利用してプライベートで女の子と待ち合わせをしたこと、コンビ名を利用して1ポイント取ったこと、待ち合わせまでの時間潰しに雑誌社の人たちに雑談に付き合わせたこと、勝手に名前をさやかに設定し、結婚、出産まで妄想したこと、初めての地方営業でウーパールーパーに負けたこと、小学生の時ウンコを漏らしながら家に帰ったこと、恥ずかしい思いが次から次に走馬灯のように駆け巡り、何もかもが恥ずかしくなった。

とても冷静ではいられなくなり、いたたまれなくなった私は、その子から目を逸らし、そのまま歩を進めてその子を通り過ぎていった。待ち合わせなんかしてません、偶然通りかかっただけです風を装って。その子の横を通り過ぎる時、その子はキョトンとした表情で「あのー、あのー…」と、私を呼び止めようとしてきたが、委細かまわず、スピードを上げてJRの改札のほうへ向かった。一時停止違反、スピード違反、あと当て逃げにも類するだろう。免許取消し、違反点数40点、懲役刑にも処せられるだろう。

あの子にも絶対待ち合わせで来た、と思われていたと思う。なぜならあの子と目が合った瞬間、私は笑顔で返したから。

向こうからしたらきっとミステリだろう。間違いなく待ち合わせ場所に来た男が、自分に向かって笑顔を見せたかと思いきや、そのまま通り過ぎて、歩く速度を速めて改札口に消えていくのだから。

3～4分後、多少冷静になり、ちょっと離れた柱の陰から、まだあの女の子が待っているか覗いてみた。もし待っているようなら、テレクラで聞いた連絡先に「ゴメンねー、俺急な用事が入っちゃって、今日ダメになっちゃったー。海砂利水魚も今日予定入ってんだって。本当にゴメンねー！」くらいのことを言おうと思って。しかし、もうその子はモヤイ像前にはいなかった。申し訳ないことをしたな、とも思ったが、もうどこかに移動してくれていて助かった。

電話する羽目になっていたら、きっと「海砂利水魚の有田も今日予定入ってんだって」と言っただろうから。私がたまたま通りかかっただけ、という事実にするために。恥の上塗りをするところだった。スプラトゥーンばりに塗りたくるところだった。

これがもし今だったら「なーんだ、くりぃむしちゅーのこっちか」と言われても、「ゴメンねー、俺のほうで。無理にとは言わないけど、よかったらご飯でも行かない？」とか、「まあまあ、そうガッカリしなくてもいいじゃない？　頑張って楽しい話でもするからさ」くらいのことを言って、せっかく出てきてくれた女の子の労に報いようとするだろう。いやその前に、今だったら軽はずみに待ち合わせなんかするなよ！　どうやらこの日はテレクラだけじゃなく、こっちでも勝者は有田だったようだ。この日トータルで15対0で負けた気分。敗者はいつまでも敗者であった。


この日を機に、自己防衛本能が働いたのだろうか、タヌキ顔かキツネ顔かで言えばキツネ顔、イヌ顔かネコ顔かで言えばネコ顔、カワイイ系かキレイ系かで言えばキレイ系が好みになった。そして15対0のボロ負けするような日があっても（でも15対0って、テニスだったら1回ミスっただけだもんな）と考えるようになった。

映画

～アンタッチャブル・柴田と『タイタニック』～

20代後半のある日、アンタッチャブルの柴田が私の家に遊びに来た。別に柴田も何か用事があってやって来たわけではなかったし、しばらくとりとめのない話をしていたのだが、退屈してきたので何かしようということになった。

「何する？」

「なんでもいいっすよー」

「んー、児嶋（アンジャッシュ）でも誘ってどこか行く？」

「あ、コジ今日地方ロケって言ってました」

「あっ、そう？　いないんだ」

「そうなんすよねー。ん？　あっ、これ『タイタニック』のビデオじゃないですか？」

「おう、何日か前に買った」

「自分まだ観てないんすよねー」

「あっ、そう？　じゃあ観る？」

「観ましょう！」


読者の皆さん、おわかりいただけただろうか？「しばらくとりとめのない話をしていたのだが、私が数日前に買った映画『タイタニック』のビデオテープを柴田が見つけ、まだ観ていないので観ませんか、ということになった」で済む文章にもかかわらず、10行にわたる、瀬戸内海ばりに波のないやり取り、完全に行数を稼ぐために行われた行為である。

そしてまた、「読者の皆さん、おわかり……」の説明のところも、本来必要のない部分であり、これまた行数を稼ぐために行われた行為である。

その当時、私の家のテレビは、テレビの上方にビデオテープを入れる場所のある、テレビとビデオが一体型になった、いわゆる「テレビデオ」といわれた代物で、14インチしかなかった。

約横31センチ・縦17・4センチほどのサイズ。もちろん5・1チャンネルサラウンドスピーカー的なものなど、あろうはずもない。そんな小型の画面で、ザラザラの音質で、あの壮大な映画『タイタニック』を観るかね、と今ではそう思うが、その当時はなんの疑問もなくビデオテープを買ったし、柴田も喜んで観たがった。

隣の部屋との壁もかつらむきした大根くらいの薄さしかないため、さほど音量も上げず、せめてもの雰囲気作りとしてポップコーンと飲み物を用意し、部屋の明かりを消して鑑賞し始めた。

二人とも会話はもちろんポップコーンにも手をつけず、時おり口に運ぶ飲み物も音を立てることなく、小さい画面に集中して物語に没入していた。

『タイタニック』をご覧になった方ならおわかりいただけると思うが、物語後半、豪華客船タイタニック号が氷山にぶつかり徐々に船が沈み始め、乗客がパニック状態になっている時に、優雅に船の旅を楽しんでもらうために素敵な音楽を演奏していた楽団の人たちが、乗客たちを落ち着かせるために、最後のその時まで演奏を続けよう、ということになり、そしてとうとう演奏を続けられる状況ではなくなり、「諸君、今夜君らと演奏できたことを光栄に思う」と、楽団員を称えるバイオリニストの感動のシーン。何度観ても感動するこの名シーンで、事もあろうに柴田が「ウハハッ」と笑いだすではないか。（コイツこの感動の場面で何を笑ってんだ?）と信じられない思いではあったが、とりあえず気を取り直し、引き続きストーリーを見守ることにした。

時おり柴田の咽喉《いんこう》から「ククッ」とか「グフッ」という音が何度か漏れ聞こえてはきたが、聞こえてないフリをして、なんとか映画に集中しようと努めた。

そしていよいよクライマックス、レオナルド・ディカプリオ扮するジャックが恋人ローズに生き残ってもらうためにドア板を譲り、自分は極寒の海で体が冷え切り、徐々に意識が遠くなり、そしてとうとう海の奥深くに沈んでいく映画史に残る名シーンで、今度は先ほどの何倍か増しで「ウハッ、ウハッ、ウハハハハーッ」と笑いだしやがったのだ！

私はこの瞬間完全にキレた！　好きな映画をバカにされたような気になっただけでなく、誰もが涙する感動のシーンで笑いだす、その柴田のサイコぶりに恐れと怒りを禁じ得ず、「テメェいい加減にしろーーー！」と怒鳴って、柴田の頭をブン殴った。もう映画の続きどころではない。電灯を点け、もう一発ブン殴ってやろうと、右手を振りかぶると、柴田があっけに取られた顔でこちらを見ている。私も柴田を見返すと、柴田の顔はクシャクシャ、しかも畳は飲み物をこぼしたかのようにビチョビチョになっている。しかし、柴田のコップに飲み物はたっぷり入っており、こぼした形跡はない。なんと、柴田は笑っていたのではなく、随分前からずっと泣いていたのである。笑い声に聞こえたのは嗚咽《おえつ》だったのである。

「なんですか？　どうしたんすか？」と、泣きながら問い返す柴田。

「えっ、お前泣いてたの？　いや、てっきり笑ってるのかと思って、腹立って殴ったんだけど……」

「こんな悲しい物語観て、笑うわけないじゃないですかー！」

「そ、そうだよな？　スマン」

「ちょっと勘弁してくださいよー、せっかくいいとこだったのにー」

「スマン！」

私は平謝りし、もう一度明かりを消して、ディカプリオが沈むちょい前くらいまで戻して再生ボタンを押したが、一度壊れた空気は元には戻らない。2メートル引き出したサランラップを元に戻すのと同じくらい無理である。せっかくの柴田の感動を台無しにしてしまった。


映画終了後、再び部屋を明るくして柴田のほうを見ると、改めて柴田の顔の下の畳の部分に水たまりができているのが見えた。大袈裟でなく、本当に水たまりになっていた。

「すいません、畳濡らしちゃいました」

近くにあったボックスティッシュで畳を拭く柴田。

「いや、そんなのいいけどさ、それ全部涙？」

「当たり前じゃないですかー、チョー感動しましたよー。自分涙もろいんす」

「いや、涙もろいとかのレベルじゃねーだろ。こんなに水たまりができるくらい泣いてる奴、俺見たことないんだけど」

「いやー、いい映画でしたねー」

14インチの小さい画面で、音量も200メートル先の救急車のサイレンにかき消されるくらいのか細い音で観たにもかかわらず、この感動ぶり。柴田のその純情ぶりに私はいたく感動した。「今までで一番感動した映画は？」というやり取りをしたことは誰しもあるのではないかと思うが、私はこの日以来、この質問に対して、

「『タイタニック』……を観たときのアンタッチャブル柴田！」

と答えることにしている。

「いやー、それにしても感動して泣いてる時に頭ブン殴って悪かったなー」

「ホント勘弁してくださいよー。何が起こったんだろうって思いましたよー」

「最初、あの楽団が最後まで演奏するところあるじゃん？　あそこでお前が『ウハハッ』って

言ったから、『えっ、コイツこれ観て笑ってんの？』って、ちょっとビックリしたんだよ」

「自分、あの場面のもっと前から泣いてたんですけど、あそこでこらえきれなくなったんすよね」

「あっ、あれよりもっと前から泣いてたの？」

「そうなんすよー、でも映画とかって、人が泣いてると自分は泣けなくなっちゃうじゃないですかー？　だから自分泣いてると上ぴょんが泣けなくなるんじゃないかと思って、我慢してたんす」


読者の皆さん、おわかりいただけただろうか？　「『タイタニック』……を観たときのアンタッチャブル柴田！」と答えることにしている。そのあと、今一度頭を殴ったことを詫びて、映画の感想を多少語って、お開きとなった」で済む文章にもかかわらず、10行にわたる、ドラえもんのボディーラインばりに起伏のないやり取り、完全に行数を稼ぐために行われた行為である。

そしてまた、「読者の皆さん、おわかり……」の説明のところも、本来必要のない部分であり、これまた行数を稼ぐために行われた行為である。

純粋1

～彼女のファッションセンス～

23、24歳の頃、一風変わった女の子とお付き合いをしていた。いや、七風くらい変わっていたかもしれない。

知人の紹介で出会ったのだが、年は私の一つ上、とても美しくて、純粋な子だった。名前は瞳ちゃんとしておこう。本当は瞳ちゃんではないが、もし本名を書いて、その子に迷惑がかかるといけないので。

ちなみに私は、〝瞳〟という名前が大好きだ。別に以前好きだった人の名前が瞳だったわけではない。それどころか、瞳という名前の人に出会った記憶すらない。瞳という名前で浮かぶのは『キャッツ・アイ』の次女くらい。でもなぜか、昔から瞳という名前が大好きだ。かといって、娘の名前を瞳にしようとは、水素原子ほども思わなかったが。

初デートの時、瞳ちゃんは、かわいらしい牛のイラストが大量にプリントされている服を着て現れた。しかも上下。上半身の正面だけで30頭はいると思われる。袖にも牛たちが犇《ひし》めき合っている。「犇く」という漢字の意味を、人生で初めてしみじみと身に沁みた瞬間だった。

下半身の牛たちはもっと密だ。全部で200頭以上はいただろう。「テキサスの牧場主目指してんの?」と言おうかとも思ったが、初デートで女性の服をけなせば絶対にフラれる、と冷静にジャッジし、言葉を「ゴクリ」と音がするほど飲み込んだ。

一見、パジャマに見える。いや、二見三見してもパジャマに見える。絶対にパジャマだと思う。それとも今はこんな服が流行っているのだろうか? ファッションセンスとダンスに滅法自信のない私は、(まっ、いいか) とやり過ごし、私の馴染みのお好み焼き屋さんへといざなった。

ちなみに、そこのお好み焼き屋さんの若女将と私はそこそこ親しかったのだが、後日その店に行った時にその若女将が、

「この間一緒に来た女の子、すごい綺麗だったけど、服ヤバくない? あれパジャマ?」

と言っていたので、やっぱりパジャマだったんだと思う。

初デートは、お好み焼きを食べて、そのあと確か映画を観に行った。何を観たかも覚え

ていないが、スクリーンの光に映える瞳ちゃんの美しい横顔と、より一層浮かび上がるおびただしい数の牛たちのことはよく覚えている。

それ以降、私と瞳ちゃんは、毎週日曜日に渋谷のハチ公前かモヤイ像前で待ち合わせをしてデートするのがなんとなくのお決まりになった。瞳ちゃんは、その当時モデルの仕事をしており、ちょこっとテレビに出たり、とある商品のイメージキャラクターとしてポスターになったりしていたのだが、4、5回目のデートの時だっただろうか？　別れ際に、

「はい、これプレゼント」

と言って袋を手渡してくれた。

中身を見るとTシャツで、胸のところにデカデカと〝ONテレビ朝日〟と書いてある。

「この間、テレビ朝日関連のイベントの仕事して、もらったからあげる」

と、女神のような笑みを湛えながら手を振って、改札へと消えていった。

次の日曜日も、私たちはいつものように渋谷で待ち合わせをした。瞳ちゃんが先に待ち合わせ場所に着いている時でも、ちょっと遅れて来る時でも、瞳ちゃんはいつも素敵な笑顔でファーストコンタクトを取ってくれていたのだが、この日はちょっと表情が曇っていた。（ん？　どうしたんだろう？）とは思ったが、別にそこには触れもせず、その日も公

園のベンチでたわいもない会話をしたりして、楽しく平和な日曜日を過ごした。

次の日曜日も、お昼過ぎに渋谷のハチ公前で待ち合わせをしたが、会った瞬間、瞳ちゃんの表情が先週よりさらに曇る。（なんだろう？　先週も今週も俺遅刻してないけどなー）などと思いを巡らしたが、先週同様1分後にはいつものように愛と美の女神アフロディーテのような微笑みを見せてくれていたので、私も大して気にも留めず、お昼ご飯を食べに行った。その日も食事や散歩をしながら、あれこれと楽しい話をし、次の日曜日の約束をしてそれぞれの家路に就いた。

そして次の日曜日、いつも通りちょっと早めに渋谷ハチ公前に向かうと、すでに瞳ちゃんが着いていた。

「あ、ゴメン、待ったー？」

と声をかけると、私を見るや否や曇った表情どころか線状降水帯のような表情で私をねめつけ、こう言い放った。

「ねー、なんで私がプレゼントしたTシャツ全然着てこないの！」

（ウッソー、あれよそ行きのつもりでくれてたのかよーーー？）

驚愕！　てっきりパジャマ代わりにでも使ってくれ、という意味でのプレゼントだと思っていたら、まさかのよそ行き！　しかもデートに着てこい、ということはそれなりにオシャレ上位のほうの服！　いや待てよ、冷静に考えたら、相手は初デートでパジャマを着てくるような強者《つわもの》だ！　俺がパジャマだと思う服＝デートに最適な服という構図が成り立つではないか！　ここ2、3週間の、会った瞬間の曇った表情は、私が〝ONテレビ朝日〟のTシャツを着ていない、ということに対してのリアクションだったのだ！　予想外の角度から悪質タックルを食らった私だが、なんとか脳震盪《のうしんとう》を回避し、朦朧《もうろう》とする頭で必死に言い訳をこさえた。

「いっ、いや、そっ、その、おっ、俺、あっ、あのTシャツすごい気に入って、かっ、かなりのヘビーローテーションで着てて、いっ、いつもデートの前日とか前々日とかに着ちゃってて、にっ、日曜日に1週間分の洗濯をするから、きょっ、今日も洗濯中なんだよね……………」

一瞬の静寂。恐る恐る瞳ちゃんの顔を見ると、

「なーんだ、そうだったんだー？　よかったー、気に入らなかったのかと思ったー。じゃあ来週は前日とかに着ないで、ちゃんと日曜日に着てきてね」

と、不変なる掟、女神テミスのような笑顔で赦してくれた。瞬時のウソにしてはそれな

りにリアリティーがあったのか、なんとか難を逃れた。ん？　いや逃れたのか？　難はこれからなんじゃないのか？　来週のデートには胸にデカデカと〝ＯＮ　テレビ朝日〟と書いてあるＴシャツを着てこなければならない！　そしてそのＴシャツで渋谷の街を闊歩しなければならない！　いつもは楽しい瞳ちゃんとの日曜日も、その日は１週間後のことばかりを考え、憂鬱な気分で過ごすこととなった。

その日の別れ際、瞳ちゃんは、

「じゃあ来週は私があげたＴシャツ着てきてねー！　私もとっておきのＴシャツ着てくるから！」

と、私に念を押すように言い放ち、渋谷の改札をスキップしながら駆け抜けていった。

私は家に帰るや否や、瞳ちゃんからもらってそのままにしてあったＴシャツを袋から出し、着てみることにした。ちょっと大きめだが、違和感はない。いや、これを着て渋谷の街を闊歩しなければならないことに関しては違和感しかないが……。

今週は何度かこれをパジャマとして着て、何度か洗濯し、ヘビーローテーションで着ていたという風合いを出さなければならない。ファッションセンスもファッションへのこだわりも、レタスに含まれる脂肪分くらいしか持ち合わせていない私だが、なんとなく憂鬱な気分を抱えながら、〝ＯＮ　テレビ朝日〟のＴシャツを着たり洗濯したりを繰り返して、次の日曜日を迎えた。

いつも電車の中では本を読みながら過ごしていたが、その日は〝ＯＮ　テレビ朝日〟の文字をなるべく人に見られないようにするため、常時胸の高い位置で腕組みをしていなければならず、本を読むどころではない。いや、電車の中だけではなく、家から最寄りの久我山駅までの道中も、ずっと人とすれ違っていたので、常時胸の高い位置で腕組みをして歩いていた。すれ違う人にはきっと〝コサックダンスをやる直前の人〟と思われたことだろう。

電車の中で、文字通り腕組みをしながらあれこれと考えを巡らせていた。（どうしようかなー、お昼ご飯の時にわざと醬油でもＴシャツにこぼして、それを理由に新しいＴシャツでも買いに行こうかなー？　いやー、うまくやれるかなー？　それだったら瞳ちゃんが見ていない時に泥でも付けたほうがいいか？　渋谷のあの辺に植え込みあったよな？　あそこの地面の泥忍ばせとくか？　でも大人でＴシャツに泥が付く状況って、どんな状況？）などとなるべく短時間で〝ＯＮ　テレビ朝日〟のＴシャツを脱ぐ方法を考えている時に、ふと思い出した。

（そういえば瞳ちゃんも今日とっておきのTシャツ着てくるって言ってたなー。瞳ちゃんのとっておきのTシャツってどんなTシャツだろ？）

　考えがまとまらないまま、井の頭線の終点、今日は戦場と呼ぶにふさわしい渋谷に到着した。毎週の習慣で、その日もついハチ公前で待ち合わせをしてしまっていた。携帯電話のある現代なら、ハチ公前という一番人の集まる場所から待ち合わせ場所を変更するなり、いや、それどころかそんなTシャツを着ているのだから大都会渋谷ではなく、オーストラリアばりに人口密度の低い場所に変更するなりできたのだろうが、その当時は急な変更など連絡の取りようもなく、（違う場所にしようって昨日の夜言っときゃよかった）という後悔を奥歯でじっくり噛みしめながら、ハチ公の隣でハチ公の飼い主よろしく腕組みをしたまま、瞳ちゃんの到着をしばし待つしかなかった。

　5分くらい待ったであろうか？　誰にもTシャツのロゴがバレないように、家を出てからずっと腕組みをしたまま、さらに日曜日の昼間、若者でごった返す渋谷の、しかも一番人が密集するハチ公前でのあの時の5分は永遠に感じるほどであった。あの日〝根気強く待ったランキング〟のアンケートを取れば、1位「上田晋也」、2位「ハチ公」、3位「あみん」になったと思われる。

そう、その永遠に感じた5分後、改札を出た瞳ちゃんの姿を見つけた。瞳ちゃんも私の姿を見つけたようで、私に向かって手を振っている。思わず私も手を振り返しそうになったが、いかん、いかん、胸のところから手を外すわけにはいかないのだ。私は腕組みをしたまま軽くうなずき、送りバントを成功させた選手を迎える監督のような振る舞いでごまかした。瞳ちゃんとの距離、30~40メートルといったところだっただろうか。瞳ちゃんは白いTシャツを着ているが、みぞおちの辺りから放射状に模様が入っている。しかしまだ距離があるため、それがなんの模様なのかはよくわからない。

(ふーん、あれがとっておきのTシャツかー)

無邪気に手を振りながら距離を詰めてくる瞳ちゃん。その距離20メートル、15メートル、10…、そして、およそ5メートルに近づいたところでその模様がなんなのかはっきりと認識できた。いや模様ではない! 模様に見えた放射状は、なんとさまざまな色のペンで書かれた寄せ書きなのだ! おそらく卒業式の時のものだろう。「瞳、いつまでも友達でいようね! カオリ」とか「文化祭のこと一生の思い出だね! 優子」とか、30~40人分のメッセージがビッシリと書き込まれている! 私は思った。

（それは〝とっておき〟のTシャツではなく〝取っておく〟Tシャツだよ！）

瞳ちゃんが言う、とっておきTシャツの全貌が明らかになった瞬間、私は瞳ちゃんを抱きかかえるようにして、ハチ公前から遠ざかり、脱兎のごとくひとけの少ない公園へと連れ去った。フィオナ姫を救出したシュレックの気分。ただ、こちら渋谷のフィオナ姫の場合、窮地に追い込んだ敵ファークアード卿は自分自身なのだが。フィオナ姫は連れ去られている間ずっと、

「ん？　今日はどこに行くの？」とか「ねぇ、今日は何するの？」とか無邪気に聞いていた。

（どこにも行かない。何もしない）

心の中で固く誓った私は、コンビニでサンドイッチと飲み物だけ買って、その日はひとけの少ない公園で7～8時間お喋りをし、暗くなってから帰ることにした。瞳ちゃんが「ねぇ、映画でも観に行こうよ」とか「ゲームセンターでも行こうよ」などと言い出さないように、必死に楽しい話をし続けた。人生であの日が一番しゃべったかもしれない。あの日だったら『しゃべくり００１』の収録が可能だったと思われる。

我々の座っているベンチの前を何度も人が通ったり、公園から駅に行く途中もたくさん

の人とすれ違ったりしたが、私は自分が着ているTシャツのロゴなどまったく気にならず、とにかく瞳ちゃんのTシャツが人目につかないようにするために、ケビン・コスナーをはるかに凌駕するボディーガードぶりで全力のブロックをした。

瞳ちゃんがいつものように無邪気に手を振りながら、改札の向こう側に消えていった時、私は（あー、生き地獄だったー）どっぷりと有邪気な安堵感に浸った。もうこの時になると〝ON　テレビ朝日〟のTシャツはなんの気にもならないどころか、〝CHANEL〟のロゴに見えるくらいおしゃれなものに感じていた。帰りの電車も、隠すどころかFカップばりに胸を張って家路に就き、泥のように眠った。その日は夢を見ることもなかった。昼間にたっぷり悪夢を見ていたから。

純粋2

〜彼女の相談相手〜

毎日がハロウィンなのかな、と思うくらいファッションセンスに関しては超ド級にヤバい瞳ちゃんだったが、別にそれくらいの理由で別れることもなく、それ以降もデートをしたり、夜な夜な電話したり、青春時代のようなさわやかな、清らかなお付き合いを続けていた。

渋谷のTシャツ事件、いやTシャツ事変の1カ月後くらいだっただろうか。瞳ちゃんから電話がかかってきた。しばらく話していると、瞳ちゃんが意を決したように切り出した。

「あのー、悪いんだけどさ、明日から1カ月会えなくなるし、電話もできないんだけど」

「………そうなんだ？　何、仕事で地方でも行くの？」

「ううん、そうじゃないんだけど、ちょっと、ね」

奥歯にスイカ丸ごと一個挟まってるかのように歯切れが悪い。

「ん、なんか気になるんだけど」

「そのうちわかるから。ゴメン、1カ月後、私のほうから連絡するから」

「……わかった」

なぜ、1カ月連絡が取れなくなるのか、まったく理由がわからず、モヤモヤしていたが、相手がそうしたいと言っているのだから、そうするしかない。毎日気にはなっていたが、こちらからは約束通り連絡をせず、瞳ちゃんの連絡を待った。だいぶ待った気はしたが、〝ON テレビ朝日〟のTシャツを着てハチ公前で待った5分に比べれば、一瞬に感じた。


ちょうど1カ月後、瞳ちゃんから電話が来た。

「あー、ゴメンね、1カ月連絡できなくて」

「うん、それはいいけど、いったいなんだったの?」

「あー、うん、まあ、そのうちわかるから」

「…………」

奥歯にボウリングの球丸ごと一個挟まってるかのように歯切れが悪い。しかし、言いたくないことを無理に言わせるのは本意ではない。もし、私が刑事になっていたら、きっと取り調べで誰一人〝完落ち〟させられないだろう。〝落としの山さん〟ならぬ〝落とさぬ上さん〟として後輩デカに侮蔑されていただろう。瞳ちゃんがこの1カ月何をしていたかは聞かないほうがいいんだろうな、と思い、私がこの1カ月やっていたことなどをしばらく喋っていた。

そして、そろそろ電話切ろっか、という雰囲気になった時に、瞳ちゃんが「次の日曜日会える？」と聞いてきた。

（あ、今まで通り会えるんだ）という喜びを噛みしめながら、

「うん、いいけど」

と、喜びを悟られないように、平静を装って返答した。

「じゃあ1時に大塚駅待ち合わせでもいい？」

「大塚駅？」

大体会うのは渋谷と決まっていた。もちろん、ほかの場所で会ったこともあったが、大塚で会ったことはないし、そもそも大塚駅がどこにあるのか、その時私は知りもしなかった。

「なんで大塚駅？」

「いいから、いいから、その日になればわかるから」

『山口さんちのツトム君』ばりに、あとで、あとでを繰り返す瞳ちゃんに、何を考えているのかわからない若干の距離感を感じたが、何かサプライズでも考えてるのかな、その準備に1カ月もかけてたのかな、などと『ONE PIECE』のルフィと並ぶ能天気さで、

「オッケー、わかったー、じゃあ1時に大塚駅で」

と、久々に瞳ちゃんと電話できたこと、そして瞳ちゃんが1カ月前となんら変わっていなかったことに安堵して、受話器を置いた。

次の日曜日。行ったことのない大塚駅を事前に路線図で調べ、1時間近くかけて到着すると、すでに瞳ちゃんが待っていた。瞳ちゃんは私を見るなり、「こっち、こっち」と言いながら、グイグイ腕を引っ張っていく。その力強さといったら、子どもをおもちゃ売り場から遠ざける時の母親のそれと同レベル。

引っ張られるがままにしていると、瞳ちゃんは、私を路面電車に連れ込もうとする。

「ちょっ、ちょっと待って！　いったいどこ行くの？」

なんとなく得体のしれない恐怖感を感じた私は、路面電車に乗るのを拒否した。

「あのさ、1カ月連絡しないでくれって言ったかと思えば、久々に会うのは来たこともな

い大塚駅待ち合わせで、なんの事情も説明せずにさらにそこから違うところに移動って、俺訳わかんないんだけど」

冷静なトーンで私なりの意見を主張すると、瞳ちゃんは大きなため息を一つつき、アメリカ人なら両肩をすくめながら「オッオッー」と言わんばかりの呆れ顔で、「じゃあ、ちょっと話す？」と、まるで私が利かん坊のような認識で、マウントを取ってきた。

瞳ちゃんを駅前の喫茶店に押し込み、まずは連絡しなかった1カ月がなんだったのかを聞いてみた。瞳ちゃんは渋々ながら話し始めた。

「あのね、半年くらい前に、各界の人が集まる、あるパーティーに参加したのね」

「うん」

「そこで久々に会ったテレビのプロデューサーさんがいて、その人に『最近忙しくしてる？』って聞かれたから、『全然テレビの仕事とか入らないんです』って言ったの」

「うん」

「そしたら、そのプロデューサーさんが、『数カ月前にある人のところに神様が降臨して、その人に相談するとなんでも解決するから、行ってみたらどう？』って言われたの」

「んん？」

〝僕は死にましぇーん！〟の時のトラックばりに急ブレーキをかけた私には委細かまわず瞳ちゃんは続ける。

「って行ってみたら、確かにいろいろ上手くいくの」

「…………」

「晋也君も首悪かったり、芸人の仕事もあんまりなかったりするでしょ？　だから今日そこに連れていってあげようと思って」

一点の曇りもなく、純粋な瞳をしている。いやこの場合の瞳は、名前のほうじゃなくてまなこのほう。ややこしい、仮名を瞳にしなきゃよかった。いや、この描写を入れなければ別にややこしくもなってなかったか。

「ちょっとよくわからないんだけど、神様に悩み事を相談すると解決策を教えてくれるわけ？」

「そう、そう！」

私は単に疑問をぶつけただけだったのだが、瞳ちゃんは「おー、お主も理解が早いじゃん」みたいな感じで、そこのシステムを説明し始めた。瞳ちゃんの説明によると、薄暗い部屋で神様が降臨したという人と二人になり、その人に悩み事を相談すると、神様がその人の口を借りて、古語で解決方法を教えてくれる、と。

古語なので瞬時には理解できないこともちょこちょこあるから、とりあえずその古語をノートにメモし、あとで辞書で調べてそれを実行に移すんだそうだ。そういえばこの間の電話で「晋也君、古語辞典持ってる？」と聞いてきたな。

「じゃあさ、今までのその神様とのやり取りをノートにメモってるわけでしょ？」

「うん、そうよ」

「もし、嫌じゃなかったら、俺にそのノート見せてみ」

プライバシーの侵害かな、という危惧はよぎったが、その危惧はこの時優先順位3、4番目くらいであった。瞳ちゃんは抵抗することもなく、あっさりとそのノートを広げてくれた。

ノートには一番上に「Q」と書かれ、瞳ちゃんから神様への相談事が書いてあり、その下に「A」と書かれ、古語がビッシリ書き込んである。そしてその古語のあとに、瞳ちゃんが辞書で調べて現代語訳した言葉が書かれていた。（神様とのやり取りを〝Q＆A〟って書き方で表すかね、赤ペン先生とのやり取りか）と思ったが、今は例えている場合ではない。

瞳ちゃんは4回ほど相談をしていたようだった。私は広げられたページを読んでみた。

1行目、瞳ちゃんのQ「なかなか芸能の仕事が入りません。どうすればよろしいでしょうか？」――その下の古語の部分を飛ばして、現代語訳のAのところを見ると「髪の毛をブラウンにしてはいかがかしら？」と書いてあった。なんてカジュアルな返し方！　神様ってそんな現代っぽい返し方するんだ？　思わず吹き出しそうになったが、瞳ちゃんは至って真面目なのだから、笑うわけにはいかない。

「あのさ、わかんないけど、神様はもっと精神的なアドバイスとか、目標に向かって精進しろとかさ、そういうようなこと言うんじゃないのかね？『髪の毛をブラウンにしてみたらいかがかしら？』とか言わないんじゃないかね？　っていうか、ブラウンって単語も、……ねー？」

と、2カ月ほど前にブラウンになった瞳ちゃんの髪の毛を見ながら聞いてみた。

「でも実際、髪の毛ブラウンにして、友達からの評判もいいし」

（いや、友達の評判は関係ねーよ！　仕事が増えるかどうかだろ！）もちろん言えない。

瞳ちゃんが真っすぐな瞳をして言っているから。

「んー、髪の毛ブラウンにしたくらいで仕事増えるんなら誰も苦労しないし、そんな小手先の……」

「あなたにはわからないのよ」

「………」

急に瞳ちゃんのトーンが変わった。しかし、怒っている感じではない。むしろ、モノを知らない幼児をあやすというか、諭すようなトーンだ。

「一度その方と二人になってみれば、オーラのすごさとか、言葉の重みとか感じるから」

どうやら、私の言葉はお茶漬けばりにサラサラッと流されたようだ。その〝方〟とか言っちゃってるし。

ブラウンの件に関しては、それ以上問い詰めるのをやめ、最後のページをめくってみた。そのページには瞳ちゃんのQで「髪の毛をブラウンにしましたが、まだ仕事が入りません。どうすればいいですか?」と書いてあった。前のページと同じく、神様からのAで古語がしばらく書いてあり、そこを読み飛ばして現代語訳のところを見ると、「あなたは今恋愛に夢中になりすぎて、仕事への情熱が足りないようです。1カ月間彼氏と連絡を絶ってみてはいかがかしら?」と書いてあった。

1カ月連絡を取れない理由はこれだったのだ。

「これで1カ月連絡取れなかったわけ？」

「うん」

こんななんの深みもない意見をそのまま鵜呑みにするかね、と思いつつ、〝恋愛に夢中〟という部分に関しては、ジャックと豆の木の高さまで登ったような気持ちで、決して不愉快ではなかった。それでも疑問は呈さなければならない。

「神様は、こんなタロット占いみたいなこと言うかね？」

「だってホントにそういう答えが返ってきたんだから、それが真実なのよ」

「……… っていうか神様って『いかがかしら？』って提案型で言うかね？」

「とにかく行ってみたらわかるから！」

それ以上言うと鉛の弾《たま》をズドンだぜ、みたいな瞳ちゃんの迫力に気圧《けお》され、口をつぐむことにした。

「今日行くって言ってあるから、ホラ、行くよ！」

瞳ちゃんの、貴景勝《たかけいしょう》並みの強烈な押しに加えて、一体どんなところなのか覗いてみるか、という、私の不謹慎な興味とも相まって、結果一緒に行くことにした。

路面電車でいくつかの駅を通過し、とある駅で降りて、歩くこと5分前後。住宅街にある普通の一軒家の玄関を開け、「こんにちは」と声をかけると、瞳ちゃんは慣れた様子で階段を上って二階に行く。

私もおずおずと付いていくと、10畳くらいの部屋にテレビや冷蔵庫があって、おじさんやおばさんたちが6、7人談笑している。冷蔵庫から自由に飲み物を取り出したりして、近所の人たちの集まりくらいの、のどかな雰囲気。期待したおどろおどろしさはまったくない。

「最近どうですか、腰の調子は?」

「いやー、おかげさまで痛みはだいぶ落ち着きましたよ」

など、どうということはないやり取りが繰り広げられている。(いや呪いがどう、とか、昨日作った藁人形がどう、とか言えよ)と、私の勝手な願望が叶えられないことに少々落胆し、瞳ちゃんがそのおじさんたちと会話するのを横目に見ていた。

とはいえ、おばさんが出してくれた飲み物には(これにはおそらく意識が朦朧とするモノが入れられてて、そんな状態の俺を洗脳する気だろう)と警戒心フル装備で、一切手をつけなかった。そんな状況が10分近く続いただろうか。廊下の向こうから白のTシャツにストーンウォッシュのジーンズ、その頃はもうさほど流行っていなかったと記憶するボッサボサのソバージュヘアの30歳前後の女性が、「ファー、今起きた」と言わんばかりに大きなあくびをしながら、現れた。それまでのどかに談笑していたおじさんやおばさんたち、そして瞳ちゃんも急に正座をして居住まいを正す。よく状況が把握できない私は、

「ねぇ、アイツ誰？」

と小声で瞳ちゃんに聞いてみると、

「アイツってありますか！　あの方に神様が降臨したのよ！」

と、ピシッとひと言制されてしまった。（えーーっ、あのソバージュの人に？？）いや、別にソバージュが悪いわけではないのだが、その誰よりもラフな格好、振る舞いに、とても神様が降臨したとは思えなかったのだ。（あー、この人ならブラウンって言うわ）と、一瞬の見た目だけで偏見満載のジャッジをしていると、ソバージュ姉さんは「今日誰いく？」と、バックヤードの荷物整理の係を決めるかのような気楽さで、隣の部屋を指差している。どうやら、瞳ちゃんが言っていた薄暗い部屋での問答をする人を募っているらしい。

「晋也君も行ってきなよ！」

瞳ちゃんに強く勧められたが、お金をいくら取られるのかもわからないし、それ以上に(もし洗脳されたらどうしよう)という気持ちが強すぎて、「んー、とりあえず今日はいいや」と、「また次回」みたいな空気を漂わせて断った。

なぜこの時、薄暗い部屋に行って相談しなかったのか、せっかく潜入捜査に行ったのに、最後まで見届けなかったのか、未だに悔やまれてならない。タイムマシンがあるなら、戻ってやり直したいことのベスト3に入る。いや、そんなことはない。ほかにやり直したいことは腸内に棲んでいる悪玉菌の数くらいある。でも、本当に相談しときゃよかった。私にも「チャコールグレーのポケットチーフをしてみたらいかがかしら?」的なアドバイスをいただきたかった。

その日はそこに私を連れていって、御託宣《ごたくせん》をもらってほしいというのが瞳ちゃんの主目的だったようで、瞳ちゃんも薄暗い部屋に行くことはなく、10分おきくらいに、代わる薄暗い部屋に入っていくおじさんやおばさんたちを横目に、そそくさとその家をあとにした。帰りの道すがら、私は瞳ちゃんに、シリアスなトーンで問いかけた。

「瞳ちゃんのお父さん、お母さんは、ああいうところに行ってるのは知ってるの?」

「うん」

「そうなんだ？　なんておっしゃってるの？」

「うさん臭いからやめとけって」

「あっ、そう。瞳ちゃんには悪いけど、俺も同じ気持ち」

「…………」

「いや、俺は宗教をやってる人を否定はしないし、その人がそれを信じることで自分の人生が充実したり、心が救われたりするんなら、それはそれでいいと思う」

「…………」

「まあ、今日行ったところが宗教なのか違うのか、詳しくはわからないけど」

「…………」

「でも俺は宗教とかやる気はないし、仕事が増えないのは自分の実力が足りないだけで、頑張って力つけるしかないって思ってるから」

「…………」

「だから瞳ちゃんも自分と向き合って、自分で物事解決するようにしたほうがいいんじゃないかな？」

「…………」

瞳ちゃんは、ずっとうつむいたまま押し黙っていた。

その日は晩ご飯も食べず、気まずい空気のまま別れた。瞳ちゃんは純粋で、なんとなくミステリアスな子だとは思っていたが、この日を境にミステリアスではなくミステリになった。いや冷静に考えると、初デートのパジャマ姿を見た時点でミステリだったのだろうが。この1カ月で感じ始めた心の距離感がだいぶ広がった気がし、渋谷モヤイ像の前で待ち合わせした日々が遠く思えた。私の心は渋谷モヤイ像前のままだったが、瞳ちゃんの心はイースター島モアイ像前に行ったらしい。

次の日の夜。瞳ちゃんから電話がかかってきた。どうしても明日会いたい、と言う。しかし、次の日はライブの仕事が入っており、会う時間がない、と告げると、夜中でも何時でもいいから会いたい、と譲らない。瞳ちゃんがそんなに強硬にモノを言うのは初めてだった。致し方なく夜11時に井の頭公園で待ち合わせをすることになった。

次の日夜11時。ライブを終え、待ち合わせ場所に行くと、浮かない顔で瞳ちゃんが待っていた。

「ゴメン、待った?」

「ううん、こっちこそゴメンね、こんな時間に」

「どうした？　どうしても今日会いたい、なんて……」

「うん………、実は別れてほしいの」

きっとそういう話だろうな、と思っていたのでさほどのダメージはなかった。

「……なんで？」

「うん、一昨日晋也君に、あそこに行くの反対されたじゃない？」

「うん」

「それで私、昨日もあそこに行って、神様に相談したの」

「なんて？」

「『彼氏にここに来るのをやめろって言われたんですけど、どうすればいいですか？』って」

（いや、それは相談せずに自分で決めろよ！　相談して神様が「そうですか、じゃあ彼氏の言うことを聞いてここに来るのはやめたらいかがかしら？」とは言わないだろ！）

「そしたら神様はなんて？」

「その彼氏とは別れなさいって」

（でしょうね！　はなまるうどんの一推しメニューがうどんだった、くらい当然の結果だよ！）

　かといって、あっさり引き下がるわけにもいかない。

「あのさ、今の瞳ちゃんにとって、あの神様は心の拠り所で、支えなんだと思う。でも、その神の代わりに俺が精いっぱい頑張って、瞳ちゃんの心の拠り所、心の支えになってあげるよ！　俺と神、どっちを選ぶ？」

　自分で自分のことをカッコいいと思ったことはほとんどないが、この時の私は、正直カッコよかった。「決まったー！」と思った。卓球のラリーではなく、別れ話のラリーだったが「チョレイ！」と叫びそうになったくらいだ。手応え十分の顔で瞳ちゃんを見ると、瞳ちゃんはまったく迷うことなく、間髪を容れずこう言った。

「神！」

　瞳ちゃんのリターンエース。

（ウソでしょ？？？　こんなカッコいいこと言われたら、普通俺を選ぶでしょ？　っていうか、せめてほんの少しでもいいから迷えよ！　美誠《みま》パンチを超える反応のよさじゃねーか！）

自分で自分のことをカッコ悪いと思ったことは、腸内に棲んでいる日和見菌《ひよりみきん》の数くらいあるが、その中でもこの時の私は上位に入るカッコ悪さ。超意外な返答にひと言も喋れない。この時だったたら、『しゃべくり007』のメンバーからハズされていたと思う。

こうして私と瞳ちゃんのお付き合いは、半年ちょっとであっけなく終わりを迎えることとなった。このままその場を辞したい気分だったが、それも素っ気なさすぎるか、と思い、楽しかった思い出などをしゃべったりして、瞳ちゃんの始発電車の時間まで付き合った。そしてお互いに、楽しかった日々のお礼を言い、未練を残さないために、今後連絡を取り合わないことを約束して、瞳ちゃんの後ろ姿を見送った。

井の頭公園の池の手前のベンチで、この半年ちょっとの話をしている時、私のむなしい気持ちをあざ笑うかのように、やたらと星が綺麗に輝いていたのを覚えている。

こういう表現をしたら作家っぽいかなと思って今カッコつけた。少なくとも「神！」の二文字で別れを告げられた、あの時の私よりはカッコいいはずだ。

純粋3

～予想を超える彼女～

瞳ちゃんに別れを告げられて2カ月ほど経った頃。家でテレビを観ていると、電話が鳴った。出てみると瞳ちゃんだった。

「あっ、もしもし、元気ー？　突然電話しちゃってゴメンねー」

「……うん、元気だけど、どうした？　っていうか、連絡しない約束じゃ……」

「うん、ゴメン。でもどうしても会わなきゃいけない事情ができて」

「えっ、どういうこと？」

「……会って話す」

そして、どうしても明日会いたい、と言う。次の日も私は、夜10時くらいまでの仕事が入っていたため、丁重にお断りしたのだが、瞳ちゃんは「明日じゃないと絶対ダメなの」と言って聞かない。

こうなると私が譲るしかない。ちなみに私は基本譲るほうだ。飛行機でもお年寄りに席を譲って自分は立っているタイプだ。結局、次の日夜10時半に新宿駅の改札を出た辺りで待ち合わせをすることになった。

次の日の夜。仕事を終え、なんとか時間通りに新宿駅の改札を出た辺りに行くと、瞳ちゃんは「急ごう、急ごう！」と焦った表情で私の手を引っ張る。（ん？　予約してる店でもあるのかな？）と思いながら付いていくと、瞳ちゃんは改札を出てすぐ隣にある券売機に私をエスコートする。そして「えーと、７２０円か」と言って、千円札を投入しようとする。いやもちろん、金額は正確には覚えていない。しかし、かなりの遠出になる金額だったのだ。

「ちょっ、ちょっと待て！　今からどこ行くの？」

焦る瞳ちゃんを必死になだめ、とりあえずひとけの少ない、座れる場所を探して落ち着かせた。

「こんな時間からどこに行こうとしてんの？」

「急いで鎌倉に行かないと！」

「鎌倉？？！！　なんで？」

瞳ちゃんの話によると、私と別れてこの2カ月ほど、神様に言われた通り「彼氏と別れて、彼氏のことは忘れて仕事に邁進《まいしん》」しようと努力したのだが、私と別れたことによって、付き合っていた時よりさらに私のことを考えてしまうようになり、仕事が手につかない、と。

そこで再度神様に相談したところ「鎌倉の○○神社に行って、そこの御守り売り場に小さいケースに入った刀の御守りがあるから、それを二人で買ってきてはいかがかしら？　そうすればずっと友達としてつながっていられますよ」と言われた、とのこと。

「ね、だから鎌倉に行かないといけないの」

再び立ち上がって券売機に行こうとする瞳ちゃん。私はそれを制して再び座らせると、あくまでも淡々と、

「いい？　もうすぐ夜の11時だよ。こんな時間に御守り売ってるわけないじゃない？　神社に入れもしないよ」

「………」

「この際だからはっきり言っとくけど、瞳ちゃんはその神様を信じてるかもしれないけど、俺は信じてないんだ。それどころか、俺と瞳ちゃんの仲を引き裂いたにっくき相手くらい

に思ってる」

「………」

「今までだって、俺は信じてないその神様のせいでどれだけ振り回された？　理由もわからず1カ月連絡できないって言われて、連絡できるようになったかと思ったら、どうしても明日会いたいって言われて、会ったら別れ話切り出されて、もう連絡しないって決めてたのに、急に連絡きて、またどうしても明日会いたいって言われて、来てみたらこんな夜遅くに鎌倉に付き合え、って。俺はその神様とやらの言うことに正直付き合ってらんないよ」

　この数カ月のモヤモヤしていたものを、あくまで淡々と一気に吐き出した。瞳ちゃんはボロボロ泣いている。あのお別れの日でも泣いていなかった瞳ちゃんが泣いている。かわいそうなことを言ったかな、でも俺の本音だしな。瞳ちゃんが少しでも冷静に、客観的になってくれたらいいな。「晋也君、ゴメン！　私が間違えてた。今からでもやり直せないかな？」とでも言ってくれないかな？　そしたら俺も瞳ちゃんをギュッと抱きしめて、「一からやり直そう」って言うけどな。ほんの一瞬の間にそんなことを考えながら瞳ちゃんをジッと見ていると、瞳ちゃんは顔を上げ、意を決してこう言った。

「御守り買いに行こう」

（ウソでしょ？？？　この流れでそれ言える？　意外な結果だよ。銀色の手足が細くて長い未確認物体が「ワレワレハニホンジンダ」って言った、みたいなもんだよ！）

「その御守りがないとダメなの！　その御守りがないとあなたとつながっていられないの！　だからお願い！」


鎌倉に行くことにした。女性の涙は私にとってはグレイシー一族よりはるかに手ごわい。ただし、その時間から行ってもしょうがないので、次の日、朝9時半から仕事だったのだが、その前だったらいいよ、ということになり、その日はそれからそれぞれ帰宅し、次の日朝6時半くらいに起きて鎌倉に行くことになった。

8時半くらいに神社に着き、目的の御守りを買うと、私は仕事の時間ギリギリくらいの感じだったので、「じゃあね、元気で頑張ってね」と言葉を残し、手を振った。

瞳ちゃんは、恋人を迷宮から脱出させた女神アリアドネのような微笑みで、いつまでも手を振っていた。いや、迷宮に入ってたのは瞳ちゃんのほうなんだけどね。あっ、触れるのを忘れていたが、〝私と別れたことによって、付き合っていた時よりさらに私のことを考えてしまうようになり、仕事が手につかない〃って言われた部分と〝その御守りがないとあなたとつながっていられないの！　だからお願い！〃の部分、スゲー気持ちよかったよ。それもあって鎌倉行きを決意したのかもしれない。

それから半年ほど経った12月23日の夜。電話が鳴ったので出てみると、電話の主は瞳ちゃんであった。鎌倉以降、暗黙の了解でお互いに連絡は取らないことにしていたのだが……。ちなみにこの時代、携帯電話なるものは持ち合わせておらず、家電《いえでん》で、しかも誰からの電話かわからないシステムだったので、とりあえず出るしかなかった。今の携帯電話みたいに相手が表示されれば出なかったかもしれないが。

「お久しぶり、元気にしてる？」

「あぁ、久しぶり。どうした、突然？」

「明日って会える時間ある？」

また、急なことを言い出した。連絡があったら、大体次の日だ。Amazonと並ぶ。しかも明日はクリスマスイブだ。別になんの予定もなかったが、最早クリスマスイブに会うような関係でもないし、変に「よりを戻そう」的なことを言われても困るな、と思い、

「明日は朝イチでクリスマスイベントの仕事で地方に行って、そのまま泊りだから東京にいない」と嘘をついた。

「じゃあ、家の場所教えて！　どうしても明日届けなきゃいけない物があるの！」

ちなみに私と瞳ちゃんは、付き合っている間、お互いの家に行ったことがなかった。瞳ちゃんは実家暮らしだったし、私はボロアパートに住んでいたので、なんとなく家に行こうという雰囲気にはならなかった。「家を教えてくれ」と言われ、（一応元カノだし、教えないって言いづらいよなぁ。別に変な人じゃないし。いや、変な人は変な人か）と迷いはしたが、最寄り駅から私のアパートまでの道順を説明した。


次の日。私はなんの用事もなかったが、瞳ちゃんがいつ訪ねてくるかわからないので、朝7時くらいには家を出て、瞳ちゃんと絶対に出くわさないであろう、見知らぬ町を選んで、無意味にその町を彷徨《さまよ》い、寒空の中、ベンチに座って本を読んだり、コンビニで買ったおにぎりを頬張ったりして、ただただ時間を過ごした。あんなにただただ時間を過ごしたのは、オフクロのお腹の中にいた時以来だ。今考えると、自宅の近所で身を隠して瞳ちゃんが来るのを見張って、瞳ちゃんが去ったら即家に帰るとか、単に家の中で息を潜めていればバレなかったのではないか、とも思うが、その時はニアミスすらしたくない心境だったのだろう。

16〜17時間外にいただろうか、あずきバーくらいカチコチに冷え切った体を抱えながら、瞳ちゃんの終電がなくなったであろう時間を見計らって、自宅へ向かった。家の玄関を見るとドアノブに袋が掛かっている。約束通り届けに来たらしい。（今さらクリスマスプレゼントをもらっても、正直困るんだけどな。俺もなんかお返ししなきゃマズいかな？　手編みのセーターとかだったらどうしよう？）

家に入り、袋の中身を見てみると、三角形の額縁が出てきた。（ん？　変わったクリスマスプレゼントだな）などと思いながら額縁の表を見ると、真ん中にモンシロチョウがピンで刺してあった。生まれて初めて「ヒィッ‼」と言った。（なんだよコレ！！！）額縁を投げるようにして床に置き、恐る恐る袋の中を今一度見てみると、手紙が入っている。開けてみるとそこには、

「この額縁を南の方角の高い場所に飾るべし。さすれば幸あり」

とだけ書いてあった。

恐ろしい。恐ろしすぎる。私の頭の中では、『残穢《ざんえ》〜住んではいけない部屋〜』のBG

Mが流れていた。どんなBGMか知らないけど。コレどうしてもクリスマスイブに届けなきゃいかんか？　っていうか、コレ喜ぶと思うか？　この日の手紙って「メリークリスマス！」から始められんか？　もはや私が理解できる範疇には瞳ちゃんはいないらしい。今では渋谷モヤイ像前と冥王星くらいの距離に感じていた。

それから約5カ月後の5月7日、私の誕生日。新聞を取りに郵便受けを覗くと一枚のポストカードが入っていた。差出人を見ると瞳ちゃんだ！　クリスマスイブ以来の瞳ちゃんからのコンタクト。（きっと誕生日おめでとうのメッセージだろうな？）と思ってウラを見ると、こう書いてあった。

「透視能力をご存じでしょうか？　私はこのたびその能力を身につけました」

思わず吹き出した。そっかー、そこまで行ったかー。瞳ちゃんは必ず予想を超えてくる人だった。未だにどんな映画を観ようが、小説を読もうが、瞳ちゃんほどの予想超えはない。透視能力を身につけたという報告だけで、「お誕生日おめでとう」とか「元気で頑張ってね」とか、そういういわゆる〝普通〟の挨拶とか結びの文言は一切書いてなかった。かといって「○月×日　透視能力ライブをやりまーす！　よかったら観にきてね」というようなお誘いが書いてあるわけでもなかった。
なぜ、どうしてもそれを報告したかったのだろうか？　ポストカードの半分には笑顔の瞳ちゃんの写真がプリントされていたが、私にはメデューサのような笑顔に見えた。石にされるかと思った。

最後にもらったポストカードから25年以上経っただろうか？　25年以上前に透視能力を身につけていたのだから、おそらく今は龍を呼べるくらいにはなったんじゃないかな？　久々に連絡して、龍を呼んでもらおっかなー。あっ、でもきっと俺のこの気持ち伝わってるよね？　何せ超能力を身につけてらっしゃるんだから。

異臭

～有田のレベチな屁～

尾籠《びろう》な話で恐縮だが、20代後半、有田の屁が異常に臭かった時期がある。大袈裟抜きで、ウンチより臭かった。しかし、一年中臭いわけではない。季節の変わり目になると異常に臭いのだ。

季節の変わり目に肌が乾燥したり、頭痛、めまいがしたり、という話は聞いたことがあるが、屁が異常に臭くなる、という変化は、おそらくWHO（世界保健機関）にも報告されていない例ではないかと思われる。

その1～2年は、有田の屁の臭いの変化で「あー、春だな」などと季節を感じていたものだ。ソメイヨシノより開花は早かったように思う。

あるとき、二人でネタ作りをしていて、なかなかいいネタが思い浮かばないこう着状態になった。ネタ作りではほぼ毎回あることだ。しかしその時は、思いのほか、こう着状態が長く続いた。二人ともなかなかいいギャグが浮かばず、ひと言も発しない。ここは一酸化炭素だけの部屋か、というくらい空気が悪い。

そんな状態が1時間くらい続いただろうか。私は用を足したくなり、有田の前を横切ってトイレに向かおうとしたのだが、有田の前を通り過ぎた瞬間に、例の異臭が鼻の奥、いや脳を突き破るほどの衝撃で襲ってきた。それまでの小一時間の異常な雰囲気の悪さも相まって、イライラしていた私は、

「お前の屁クセェんだよーー！」

と、怒声を上げながら有田のほうを向き直し、平手で有田の頭をひっぱたこうとした。まさか屁の臭さでひっぱたかれるとは思っていなかったであろう有田は、驚きの表情を浮かべ、咄嗟に頭をガードしようとした。勢いよく右手を振り下ろそうとした私だったが、悲劇に見舞われたのは私のほうであった。有田の屁の第二波が私の鼻腔を襲ってき、

「クッセェーー」

の叫びとともに、数メートルの撤退を余儀なくされたのだ。万里の長城の上をいく鉄壁のディフェンス。スカンクが弟子入りを希望するレベルの臭さであった。あまりに意外な展開に私の怒りも消え去り、

「なぁ、お前何食ってるからそんな屁の臭いになるの？　主食ゴミか？」

と笑いながら問いかけた。

有田はその問いには何も答えず、ただただ苦笑いを浮かべていた。そこからネタ作りがトントンと進み、最終的にはいいネタができて、予想より早く家に帰ることができた。皮肉にも、あれだけ空気が悪かった空間を、いい空気に変えたのは毒ガスであった。史上最大のパラドックス。


また別のある日、私はディスカウントショップのドン・キホーテで買い物をしていた。あるコーナーで商品を物色していると、異臭が漂ってきた。（ん？　この臭い、ひょっとして……？）私は買い物の手を一旦止め、臭いの元を探し始めた。

すると、私が物色していた場所からおよそ10メートル離れた場所に有田の姿を発見したのだ！　考えてみてほしい。あの広い、しかもいろんな棚が空間を遮っている、空気の循環設備もちゃんと整っているドン・キホーテで放屁して、およそ10メートル四方にその臭いを拡散させることなどできるだろうか？

しかもだ、私が物色していたコーナーは、車の芳香剤のコーナーだったのだ！　ラベンダーやグレープフルーツ、ホワイトムスクなどの匂いが充満しているその一角で、空間を支配したのは有田の屁だったのだ。芳香剤にピンフォール勝ち。ラベンダーやグレープフルーツが束になってかかっても、有田の屁には対抗できないのである。

メーカーさんにはさらなる努力を重ねてほしいと思い、その日は芳香剤を買うことは断念した。

もはや兵器として活用できるレベルになっていた有田の屁。食生活を変えたのか、体調の変化があったのか、理由はわからないが、いつしかその臭いも通常レベルに戻っていた。ホッとするかと思いきや、なぜかキンモクセイの香りより有田の屁で「あー、秋だな」と感じたがっている私がいる。

夢中
〜恋に溺れて〜

芸人を始めて2〜3年の頃、有田と私は一緒に4対4くらいの合コンに行き、そこで出会った女の子にそれぞれ燃えるような熱い恋をした。どっぷりハマった期間としては全然短く、1カ月くらいだったたであろうか。バーッと燃えてバーッ、と冷めるフランベみたいな恋だったが、とにかく熱い恋だった。合コンに行ったことはそれなりに回数あるが、あんなにハマったことは、あとにも先にもあの時だけだ。

合コンの次の日から連日「お前がハマってるあの子、かわいいよなー」「かわいいよねー。まあお前がハマってる子もキレイ系でいいよねー」などと毎日ネタ作りのために集合しているにもかかわらず、ネタなど一切作らず、『バチェラー』と同じ濃度で恋愛の話しかしない。

有田の3割増しくらいで沼にハマっていた私に至っては、携帯電話も持っていない時代、その女の子が千葉県の松戸に住んでいると聞いて、会えるかどうかもわからない、いや十中八九会えないであろうにもかかわらず松戸駅に行き、いざ行ってみると改札が東口と西口二つあり、どちらの改札を利用するかわからないから一か八か東口にヤマを張り、2〜3時間待って、結局会えずに帰路に就いたこともある。ストーカーのはしりと思っていただいてなんら差し支えない。ちなみに私は、USBの差し込みも10回中8回は上下逆に差している気がする。

そんなある日、千葉県の浦安で、10組くらいが出るライブがあった。光源氏と同レベルで恋にうつつを抜かしていたので、当然のことながら新ネタなど作っていないし、ネタの稽古すらしばらくやっていない。19時開演のライブだったため、16時くらいに有田と現地で待ち合わせをしたが、会うや否や好きな女の子の話。ネタ合わせなんか1分もせず、ずっとその女の子の話ばっかりしている。

しまいには、「多分松戸ってあっちの方向だよな?」と、なんとなく松戸があるであろう方向を窓ガラスから見続け放心状態。完全にイカれていたと思う。

結局そんな感じでネタ合わせもしないまま自分たちの出番がきてしまった。今からすると考えられないし、わざわざお金を払って観に来てくれているお客さんに対して失礼この上ない話だが、舞台に出ると私は、「僕たちは今恋をしています」とトチ狂った発言をしてしまった。（いかん、そのままのテンションで舞台に上がってしまった！　まあでも、本来ボケの有田がさすがにこれは突っ込んでギャグとして処理してくれるだろう）

「そうなんだよねー」

ダメだ、舞台上に今芸人は一人もいない。しかし私と有田は、悟りを開いたかのごとくまったく動じることなく、それぞれの好きな子の話を10分近くお客さんに聞かせた。まったく笑いもない話を延々しただけで終わるのも申し訳ないか、とホタルイカのゲソくらいのほんのささやかな芸人魂が頭をもたげ、5秒くらいのショートコントを1本やって舞台を降りた。

その日のトリで出ているにもかかわらず、面白くもなんともない恋バナと5秒のショートコント1本、ライブの主催者にこっぴどく叱られるだろうし、お客さんからもアンケートで罵詈雑言《ばりぞうごん》を浴びせられるだろう。反省はしていたが、でもなぜか後悔はなかった。

我々の出番が終わるとすぐにエンディング。その当時のライブは、お客さんの投票で、その日一番面白かった出演者を決め、優勝者には1万円の賞金というシステムのライブが多かったのだが、な、な、なんと、信じられないことに、その日の優勝は我々海砂利水魚であった。

お客さんが書いたアンケートを見ると、「熱い気持ちが伝わってきた!」とか「私もそんな恋がしてみたいと思いました!」などの意見がずらりと並んでいた。ライブの主催者も「今までに観たことのない、新しいものを観せてもらった」との評価。それはそうだろう、だってお笑いでもなんでもないんだから。評価してくれた人に甚だ失礼だが、この主催者頭おかしいんじゃない? と心から思ったものだ。

もし、この当時というかこの日、漫才日本一を決める『M-1グランプリ』があったら、我々は恋の話で決勝戦を戦っていたかもしれない。そして万万が一、優勝でもしようものなら、M-1の歴史の大きな汚点になっていただろう。というか、その年でM-1は幕を閉じていただろう。我々の時代にM-1がなくてよかった。

ちなみに、その日もらった賞金1万円を半分ずつに分け、私は5000円札を握りしめて松戸駅に向かった。今回は西口へ。もちろん会えなかったけど。足で稼ぐタイプの刑事《デカ》かと思った。

先輩

〜爆笑問題への本音〜

私は、芸能人の友達が数えるほどしかいない。芸能人同士、特に芸人同士の場合、年の差やキャリアの差などが邪魔をし、先輩後輩といったニュアンスが出てき、厳密には友達とはいい難い、といった場合がほとんどではないかと思う。

もちろん、そのせいばかりではないが、友達と呼べる人が果たして何人いるだろうか？その数少ない芸能人の友達に、爆笑問題の二人がいる。

爆笑問題の二人は、私より年もキャリアも5年ほど上だ。完全なる先輩で、本来友達と呼ぶのは憚られる年とキャリアの差だ。しかし、失礼ながら爆笑問題に関しては、友達といって差し支えないように思う。正直あまり先輩とも思っていないし、会話をする時に敬語も使わない。

その証拠に、本来ならこの文章でも〝爆笑問題さん〟とか〝爆笑問題のお二人〟と書くべきところだが、その気配はまったくない。まあ、気配も何も私のさじ加減一つなのだが。

敬語を使わないどころか、太田さんに至っては日頃から「ぴーちゃん」とあだ名で呼んでいる。別にナメているわけではない。太田さんのことも田中さんのことも、人間としても芸人としても尊敬しているし、最低限の気遣いはしているつもりだ。ちなみに芸人同士というのは、コンビのどちらかとだけ仲がいい、というパターンがほとんどだが、私は爆笑問題とは二人とも仲良くさせてもらっている。

もう20年近く前になるだろうか、田中さんと私と、あと共通の知り合いスタッフ二人の計4人でゴルフに行く約束をした。

当日朝6時に、田中さんが私の家のそばのわかりやすい場所までタクシーで来て、私がそこに車で迎えに行くという段取り。

なぜなら田中さんは運転免許を持っていないから。田中さんだけじゃなく、ぴーちゃんも運転免許を持っていない。高校卒業時や大学生の長期休暇のタイミングで運転免許を取る人がほとんどだと思うが、あの二人はその当時なぜ取らなかったのだろうか？　おそらく伊能忠敬《いのうただたか》ばりに歩くつもりだったのだろう。

ちなみに以前、田中さんと私の家でF－1レースを観た時、田中さんは画面に食い入るようにして「よし、行け！」とか「おっ、ここで抜くかー？」と喚いていたが、普通自動車のアクセルもブレーキも、ましてやクラッチも踏んだことのないあの人に、Ｆ－１レースの魅力がわかるとは思えない。いや、免許持っていない人にＦ－１レースの魅力がわからない、という意味ではないよ。小学生でＦ－１好きの子とかもいるからね。ただ田中さんにわかるとは思えない。

前日の夜、いつもゴルフに行く時のように着替えや道具など、ちゃんと準備をし、待ち合わせの40分前、５時20分に目覚ましをセット、いつもより早めに就寝して翌朝に備えた。

次の日、気持ちよく目を覚ました。サイドテーブルにある目覚まし時計を見ると11時ちょっと過ぎ！　なんのことだかわからない。目覚まし時計の電池が切れたのだと思い、携帯の電源を入れてみると、同じく11時ちょっと過ぎ。完全なる寝坊。知らず知らずのうちに目覚ましを止め、再び寝入ってしまったらしい。着信の履歴を見ると、田中さんから鬼のように電話が入っている。マズイ。速攻で田中さんに電話をした。

「田中さん、ゴメン！　目覚まし気づかなかった！」

「アハハ、今起きたー？　随分寝てたねー？」

「ほんっっっとうに申し訳ない！　どうやってゴルフ場行った？」

「いや、いつまで経ってもカメちゃん（なぜか爆笑問題の二人と太田夫人は、私のことをカメと呼ぶ）が来ないし、電話もつながらないし、今のカメちゃんの家行ったことないから訪ねていってピンポンもできないからさ、スタッフに電話したらまだ高速乗ってなかったから、スタッフと合流して乗せてもらったよー」

「あっ、そう？　ほんっっっとうに申し訳ない！　スタッフにもお詫びしといてー」

「うん、わかったー！　じゃあまた改めてー」

「ほんっっっとうにゴメンねー！」

田中さんはひと言も私を責めることなく、ずっとケラケラ笑っていた。普通なら「お前何やってんだよー！　朝から途方に暮れたじゃねーかよー！　自分から待ち合わせの時間と場所指定しといてふざけんなよー！」くらいのことは、冗談交じりにでも言いたくなるだろう。ましてや相手は後輩である。しかしながら田中さんは、怒るどころかむしろ寝過ごしたことを楽しんでいるかのような対応だった。導火線が3万メートルくらいあるのだろう。私は田中さんの優しさに心から感謝して、三たび眠りに就いた。

その数年後、また田中さんと私と、今度は前とは違うスタッフ計4人でゴルフに行くことになった。この時は、田中さんは普段車を運転してもらっているドライバーさんにゴルフ場まで送ってもらうとのことだったので、待ち合わせはせず、それぞれゴルフ場に直接行くことになった。前日の夜、いつものように着替えや道具などをちゃんと準備をし、5時45分に目覚ましをセット。いつもより早めに就寝して翌朝に備えた。

次の日、アラームが鳴るより先に目を覚ました。まだ眠たい目をこすりながら、サイドテーブルにある目覚まし時計を見ると12時半過ぎ！　そんなわけはない。だってまだアラーム鳴ってないのだから。半信半疑の気持ちで携帯の電源を入れると、こちらも12時半過ぎを表示している。よって全信零疑。またやってしまった。速攻田中さんに電話。

「田中さん、ゴメン！」

「アハハ、またやっちゃったねー」

「なんでだろう？　自分でも信じらんない」

「っていうか、今回さらに遅いじゃん！」

「ね？」

「いや、『ね？』じゃねーよ！　俺たちもうゴルフ終わって、お昼ご飯食べてるところ。ご飯だけでも来る？」

「誰がそんな遠くにご飯だけ行くかー！」

「アハハ、逆ギレしてんじゃねーよ！」

「いや、ホントーーーにゴメン！　申し訳ない！」

「まあまあ、また改めて行こうよ」

「スタッフにもお詫びしといてー」

「了解ー」

「すいませんでしたーーー！」

今回も田中さんはずっとケラケラ笑うばかりで、まったく責めなかった。なんだろう、あの優しさ。祖父母か！

田中さんはなんでも許してくれる。田中さんがサッカーの審判なら、全員手使っても許してくれるだろう。

このエピソードを読む限り、私は寝坊の常習犯だと思われるかもしれない。冗談じゃない。私は目覚ましのアラームに気づかないことなどまったくない。前々著『経験』でニュージーランドで寝坊した話を書いたが、あれは目覚ましの時間設定を間違えたのであって、アラームに気づかなかったわけではない。アラームを知らず知らずのうちに止めて再び寝入ってしまったことなど、人生でこの二度だけだ。おそらく深層心理で、田中さんとのゴルフはブッちぎってもいい、と思っているに違いない。

先ほど田中さんのことを尊敬している、と書いたが、あれもウソかもしれない。尊敬している人とのゴルフを休むだろうか？　あり得ない。2月14日にゴディバが休む、みたいなものである。しかも2回も。多分、田中さんのことをナメているんだと思う。でもこれは深層心理でのことで、自分ではコントロールできない領域だから致し方ない。

田中さんとの電話を切ると、（はぁー、またやっちゃったなー。でも今回も田中さんまったく怒ってなかったなー。っていうか、最後『また改めて行こうよ』って言ってたな？　2回もブッチされてまた行こうって気になるかね？　学習能力ないのかな？）などと考え、またすやすやと眠りに就いた。仏の顔は三度までらしいが、田中の顔は二十度くらいまでいけるんじゃないかしら？　今後も機を窺って試してみようっと。

田中さんが優しい人であることは、あの雰囲気や言動からも、世間に認知されているのではないかと思うが、おそらくぴーちゃんのほうは、毒舌、はちゃめちゃなことをする、ギャーギャーうるさい、といった印象をお持ちの人が多いのではないだろうか？　その印象通りである。

印象通りではあるのだが、意外な一面として、かなり優しい人でもある。ああ見えて実は一番優しい人なのかもしれない。

熊本大震災があった時、一番に「実家どう？」とメールをくれたのもぴーちゃんだったし、連日「家族は大丈夫？」とか「安全なところに避難してるの？」とか「家族や親戚や友達のメンタルも心配だからケアしてください」とか、しまいには「本州の自治体と連携して、避難している住民を本州に移動させたほうがいいんじゃないか？」と、俺に言って解決できるレベルの話じゃねーだろ、というようなメールも、およそ1週間毎日送ってくれていた。

私がコロナにかかった時もそうだった。毎日「熱は何度ありますか？」とか「味覚嗅覚はどうですか？」とか「家族には感染《うつ》ってませんか？」などなど、保健所より頻繁にメールをくれていた。（その質問に答えたからって対処してくれるわけじゃねーだろ）とは思いつつも、その都度その状態を伝えると、ぴーちゃんはテレビやネットなどで見聞きした情報を逐一送信してくれた。

ただ、それだけならありがたいのだが、メールには必ずネットから拾ってきたナース姿のエロ画像も添付されていた。（病人に何をあげれば元気になるかなー？……うん、そうだ！　エロ画像！）完全に中学生の発想。57歳（その当時）のオッサンが52歳（その当時）のオッサンにエロ画像を送ってお見舞いと称している。おそらくだが、一般社会ではそんなことはないんじゃないだろうか？

57歳といえば、一般の会社なら定年に向けて管理職を解かれ始めるくらいの年齢だ。部長クラスの人間がコロナにかかったとして、常務取締役がお見舞いにエロ画像を送ったりするだろうか？　一般社会ではまったく適応できないタイプである。まあ、かくいう私も「もっと熟女のナースがいい」とか「もっとセクシーなポーズの写真にしてくれ」などのリクエストを先輩に出したりしていたので、一般の会社では務まらないのだろうが。

まあ、もし私が将来寝たきりになったら、元気づけの方法はかなり間違えてはいるが、デイケアとしてぴーちゃんを雇おうとは思っている。

そんなファザーテレサと言ってもいいくらい優しいぴーちゃんだが、ぴーちゃんには友達がいない。確かに、私も芸能人の友達は数えるほどしかいないが、一緒にゴルフに行ったり食事に行ったりするスタッフはけっこういるし、熊本にも学生時代の友達がそれなりにいる。でもぴーちゃんには、芸能人もスタッフも学生時代の友達も多分いない。ひょっとしたら私だけかもしれない。〝牛じゃない　豚じゃない　猿じゃない　馬じゃない　猫じゃない　犬じゃない　鳥じゃない　魚じゃない　はじめてできたよ　人間の友達ー♪〟*って歌はぴーちゃんが作ったんじゃないかと思っているくらいだ。それくらい友達がいない。

ぴーちゃんが脱腸で10日近く入院した時に、見舞いに行った芸能人は、私とパペットマペットだけだったし。かといって普段からパペットマペットと仲がいいという話は一度も聞いたことがないし、あの時の見舞いもたまたま来ただけだろう。田中さんは友達も趣味も多いから心配ないが、ぴーちゃんは友達もいないし趣味もない。だから私は友達でいてあげないといけないのだ。

将来ぴーちゃんも私も仕事がほとんどなくなり、暇になったら、ゴルフやクレー射撃を教えてあげたり、ほとんど旅行にも行ったことないぴーちゃんを海外旅行にでも連れ出し、私が行ったことのあるオススメの観光名所や美術館やスポーツ観戦に連れていってあげようかな。あと、美味しいお店に案内して、カジノでの遊び方も教えてあげよう。

＊相川京・作詞『人間の友達』より

そしてぴーちゃんが認知症になり、施設に入ったら、たまに様子でも見に行ってあげようかな。たくさん友達がいるんなら、私のことを忘れていても仕方がないが、全然友達いないんだから、私の存在は忘れないだろう。忘れていたら思いっきり頭をひっぱたいて思い出させてやろう。ん？　ゴルフを教えてあげる？　旅行に連れていってあげる？　様子を見に行ってあげる？　完全に上から目線。うん、やっぱりぴーちゃんのこともナメてるんだと思う。私、爆笑問題のことナメてます！

熱狂

〜最初のファン〜

芸人を始めて2年近く経った頃であっただろうか、私のことを熱狂的に応援してくれる女性が現れた。彼女はその当時、中学3年生か高校1年生だったと思うが、とにかく我々が出演するライブ、舞台、イベント、すべてに顔を出してくれていた。多分、私のファン第1号だったと思う。

私の追っかけをしていたということは、その子にとって一生の汚点かもしれないので、T美ちゃんとしておく。誰が一生の汚点だ！

その当時、私はどこに行くにも電車移動だったため、ライブに出演したあと、電車で帰ることになるわけだが、毎回出待ちをしていたT美ちゃんは、私にプレゼントを手渡し、当然のように駅まで付いてきて、当然のように私と同じ切符を買い、同じ電車に乗り、時には同じ駅で降り、私の家の前まで付いてくる、ということがたびたびあった。

ファン第1号になってくれた感謝もあり、熱心に応援してくれていたので、邪険にもできず、いろいろ会話を交わすようになった。もちろん、連絡先などは知らないし、あくまで芸人とファンという距離感ではあったが。

T美ちゃんは、とにかくあらゆるところに顔を出した。東京のすべてのライブ会場はもちろん、群馬や栃木のイベント、愛知や大阪のイベントまで、（こんなところまで来るの？）と思うことが多々あった。私専用のGPSかと思ったくらいだ。

「はい、どうもーこんにちはー、海砂利水魚（当時）でーす！」と舞台に上がると、決まって最前列にT美ちゃんが陣取っている。（またいるわ）と、いつしかT美ちゃんの出欠を取るのが、舞台に立ってまず最初にやることになった。

来てくれること自体はもちろんありがたいのだが、芸人がイベントなどでやる、いわゆる〝営業ネタ〟というものは、どの芸人も30分ならコレとコレ、45分ならコレとコレとコレ、などお決まりのパターンがあり、同じネタを何度も観られるのはこっ恥ずかしいのだ。同じギャグを観られるのも恥ずかしいが、もっと恥ずかしいのは、ネタ振りの部分で、何も知らないかのように振る舞っている部分。たとえば、

有田「いやー、この前オフクロと電話しましてね。『テレビ観た』って言うから『面白

かったよ』とか言ってくれるかと思ったら、『お前の顔はテレビに出る顔じゃない』と」
上田「はぁ？　我が親が？」
有田「『お前なんかテレビで観たくないよ』と」
上田「そんなこと言うかね？　ワッハッハッハッハッ」
有田「『って相方に言っとけ』って」
上田「俺のことかい！」
のような、我々のお決まりのやり取りがあったが、オチの部分より、「はぁ？　我が親が？」と「そんなこと言うかね？　ワッハッハッハッ」の、いつもやっているくせに、毎度知らないフリをするのを見られるのが異常に恥ずかしい。「逃走用のヘリを用意しろ！」と言って姿をくらましたくなるくらい恥ずかしい。
そういった、何も知らないかのように振る舞う部分では、T美ちゃんのほうを見ることはできなかった。「あー、上田さん、またやってるー」と思われているような気がして。
まあそれはともかく、T美ちゃんは飽きもせず、同じネタを何十回も観ているのに、あらゆるところに現れた。

そんなある時、熊本のイベントに呼ばれ、朝の飛行機で向かうことになった。マネージャーと有田と、羽田空港のチェックインカウンターで待ち合わせをし、手続きを済ませ、手荷物検査場へと向かっている時に、有田がふと思いついたように話しかけてきた。

「ひょっとしたらT美ちゃん、今日熊本にも来るんじゃない？」

「えっ、いや、さすがにそれはないでしょ！　今までは電車で来られる範囲だったからねー。飛行機の距離はさすがに来ないでしょ？」

「いやー、俺は来ると思うなー」

「いや絶対来ないよ」

そんなやり取りをしながら、搭乗口に向かうと、なんと、搭乗口前の椅子にT美ちゃんが座っているではないか！（おいマジかよ！　飛行機の距離も来るのかよ？）呆れ果てていると、T美ちゃんは我々の存在を確認し、くノ一よろしくスッと身を隠しながら、搭乗口の中に入り、飛行機に乗り込んでいった。有田は「ねっ、言ったでしょ？」と、鬼の首とったりの顔でニヤニヤしていた。

数分後、我々も搭乗口から飛行機に乗り込んだ。通路を後方に向かっていると、右手のほうにT美ちゃんが座っているのが目の端に見えた。目の端だが、T美ちゃんが私の方をガン見しているのはわかる。今日もまた「逃走用のヘリを用意しろ！」の気分になるのかと、いささかの鬱屈を抱えながら歩いていたため、わざとT美ちゃんの存在に気づいていないフリをして、そのまま通り過ぎようとすると、T美ちゃんはたった今私の存在に気づいた風を装い、こう言った。

「アラ、上田さんも熊本？　偶然！」

私は思わず吹き出し、こう返した。

「ウソつけーーー、偶然なわけあるかーーー！　君、熊本にライブ以外何の用事があるんだよー！」

T美ちゃんのあまりのすっとぼけように、ほかの乗客の存在も忘れ、高校球児の選手宣誓の時くらいの声量で突っ込んでしまった。

その夜の熊本でのライブ、「はい、どうもーこんにちはー、海砂利水魚でーす！」と勢いよく舞台に飛び出ると、案の定T美ちゃんは最前列に陣取っており、「晋也ＬＯＶＥ」と書いてあるウチワを持ってキラキラした笑顔で私のほうを見ていた。

数分後「おい、逃走用のステルス戦闘機を用意しろ！」という気分になったことはお祭しの通りである。

こんなこともあった。26、27歳の私の誕生日のこと。

仕事を終え、あと数メートルで家に着こうとしたその時、玄関にいつもとは何か違う、2月30日という日めくりを見たような違和感を感じた。

目を凝らしつつ玄関に近寄ると、なんとそこには、幼稚園のクリスマス会などでよく見かける、折り紙で作った輪っかを連ねた飾り付けがしてあるではないか！　そして玄関のど真ん中には〝晋也誕生日おめでとう〟と、初めて全国制覇した仙台育英か、というくらいのデカさで紙が貼られていた。さらにドアノブにはビニール袋がぶら下げてあり、中にはプレゼントの洋服と手紙が入っていた。どうやらT美ちゃんなりの最大限のサプライズをしてくれたらしい。

祝ってくれるのはもちろんありがたいのだが、飾り付けや貼り紙はぶっちゃけ迷惑であり、ディズニーランドの清掃キャストばりの手際のよさでとっとと片付けた。

次の日。前日の飾り付け類は、かなり長時間にわたって玄関に施されていたようで、近所の人と顔を合わせるたびに「アラ、昨日お誕生日だったみたいで？　おめでとうございます」と口々に言われ、幸か不幸か今までの人生で一番多くの人に祝ってもらった誕生日となった。

後日、ライブに来ていたT美ちゃんに会った時に「勝手に家訪ねてきて、飾り付けとかやめてくれよ」と言っても、「えー、別にいいじゃん！　何もイタズラとかしてるわけじゃないし！」と、これは本当にタレントとファンの距離感なのか、というような近しい距離感で、私の意見を受け入れる気配もない。

それからも、「おっ、今日は珍しくT美ちゃんライブに来てなかったな？」と思って家に帰ると、郵便受けにT美ちゃんからの手紙が入っており、「ゴメンねー、今日忙しくてライブ行けないんだー！　週末のライブは行くねー！」と、完全に彼女の距離感の手紙が入っていたりした。（いや、俺の家に来る時間があるんなら、ライブ会場に来いよ！）と思いながらも、家に来ることを阻止する術もなく、それからもちょくちょく郵便受けに手紙が入っていたり、なんの記念日でもないのに、ドアノブにはプレゼントがぶら下げられ、折り紙で作った飾り付けが施されたりしていた。そして貼り紙には〝晋也お帰り〟や〝晋也お疲れ〟などの、デカデカと貼り紙にする必要のまったくない文字が書かれていたりした。

時には〝晋也今日どうだった？〟と疑問形で終わってる日すらあった。

（家に来ることはなんとかやめさせないといけない、いよいよ一度強めに怒らなきゃダメだな）そんなことを考えていたある日のこと。仕事を終え家に帰ると、ドアノブに袋がぶら下がっている。（ん？　またT美ちゃんが来たのかな？）ため息をつきながら、袋の中を見ると、分厚いスクラップブックが6冊入っている。なんだろうと思い、中のページをめくると、我々海砂利水魚がデビューした時からそれまでの、雑誌でのインタビュー記事やライブ、学園祭のチラシなどがほとんど全部、綺麗にファイリングされていた。そして、それらのスクラップブックと一緒に一通の手紙が入っていた。母親の字以上に見慣れたT美ちゃんの字でひと言、「さようなら」と書いてあった。

なぜなのか理由はまったくわからないが、ファンをやめたらしい。T美ちゃんも社会人になるくらいの年齢で、就職を機にお笑いライブ通いを卒業しようとしたのかもしれないし、単に私を応援することに飽きたのかもしれない。

一体何があったのだろう、こうなると私のほうがT美ちゃんのことが気になって仕方がない。今度は私がT美ちゃんのGPSになってやろうか、と思ったくらいだ。それまでは、正直言ってうっとうしいなと思うことも時にはあったが、ものすごく淋しい気持ちになった。

T美ちゃんは、それ以降宣言通り一切姿を現すことなく、忽然と消えた。私はこれをきっかけに「さようなら」という言葉が大嫌いになった。パクチー、ピクルスと同じくらい嫌いだ。コーヒーはもっと嫌いだ。

それからおよそ20年後、我々くりぃむしちゅーは、「熊本復興支援チャリティトークライブ」をコロナ前まで行っており、そのライブでは終演後、会場ロビーで、来てくれたお客さん一人ひとりと握手をし、我々のステッカーを配り、募金を募ったりしていたのだが、その第何回目かのライブ終了後、お客さんたちと握手をしていると、久々に、聞き慣れた声で呼びかけられた。

「上田さん、久しぶりー！　元気そうだねー！」

T美ちゃんであった。相変わらず明るく、元気で、馴れ馴れしい距離感のままだった。

「おー、なんだよ、久しぶりだなー！　元気だったかー？」

「うん、元気元気！　ちゃんと真面目に社会人やってるよー！」

「おー、そうかー！　いやー、長年顔見せないから、元気にしてるかなー、って気になってたんだよー！」

「うん、また来るよー！」

「おう、また来いよー！」

次のお客さんも並んでいたため、それだけのやり取りだったが、なんだか初恋の人に再会したような気分になって嬉しかった。T美ちゃんが相変わらずのキャラで、そして元気そうでよかった。また来いよ、っていっても家には来るなよ、と、およそ20年越しに言いそうになったが、今ならT美ちゃんが家に来ても、お茶くらいは出してあげると思うし、近所にご飯でも食べに行き、昔の話でもするかもしれない。


応援してくれるファンの方というのは、本当にありがたいものだ。今もこんな私を応援してくれる人が、数多くいる。いや、失礼、見栄を張った、数多くはないが、何人かいてくれる。中には、事務所に手紙を送ってくれるだけじゃなく、クリスマスや誕生日プレゼントを贈ってくれるファンの方もいる。

「テレビに出ている上田さんに笑わせてもらって、いつも元気をもらってます」というようなことが書いてあったりするが、そういう手紙をもらって「よし、この人が応援してくれているから頑張ろう！」と励まされているのは、私のほうなのである。ましてや、プレゼントまでいただくのは本当に恐縮だし、申し訳なさすぎる。プレゼントを差し上げたいのは私のほうなんですから、どうぞお気遣いなさいませんよう。

私が出ている番組を観ていただければ、それで十分ありがたいです。私が出ている番組を全部ご覧いただいて、「上田は面白い」と、あらゆるＳＮＳに書き込んでいただいて、さらに私の著書『経験』と『激変』と、そしてこの『赤面』を一人数冊ずつ買っていただければ十分、まっ、十分というか腹二分目なんで大丈夫ですよー！

後書

20代の頃を思い出すままに書いていたら、期せずして赤面するようなエピソードばかりになった。

でも、よくよく考えてみたら、赤面とは、一生懸命だからこそ起こってしまう現象なのではないだろうか？　親の庇護の下にあった状況から飛び出し、右も左もわからない東京に出てきて、初めて女の子とお付き合いをし、何も知らないお笑いの世界に飛び込み、なんとかそこに馴染もう、成功しよう、と一生懸命だったがゆえに、赤面するようなことになったのではないか、とも思う。

先の見えない日々だったが、不思議と不安にはならなかったし、なんの裏づけも根拠もなかったが、夢、希望、自信に一番満ち溢れていた10年間だったと思う。仕事もお金もなかったが、ない時のデートや遊びのほうがドキドキしたし、いろいろ工夫して楽しかった。毎日のように芸人仲間とバカっ話をしたり、お金のかからない遊びをなんとか考え出したりして、本当に楽しい日々だった。

年を重ねると、いろんなものが少しずつ見えてくる。何が見えてくるかというと、きっと現実が見えてくるのだろう。

そしてそれは、夢や希望とはきっと真逆のものなのだろう。だから若いうちは、現実なんて見なくていいと思う。現実が見えていないのは恥ずかしいことだ。でも、恥ずかしくて大いにけっこうじゃないか。若さとは恥ずかしいものだ。

でも、恥ずかしいからこそ、勢い、エネルギー、パワーがあるし、まぶしく、羨ましく見えるのだ。どんどん恥ずかしい思いをして赤面したらいい。別に先輩ヅラをしてるつもりもない。かく言う私も、未だに赤面するようなことばかりだから。赤面が一生懸命生きていることの証であるならば、これからもどんどん赤面していきたいとさえ思っている。ただ、勢いもエネルギーもパワーもない、ただの赤面は嫌だなぁ。その危険性大いにあるなぁ。

序文

有田殺人事件

過去2作品では、日本の昔話や海外の童話に突っ込むというページを設けた。今回は、ちょっと毛色を変えてみようと思う。

漫才やコントのネタはボケありきであり、もちろんボケが主役である。しかしながら、突っ込みだけでもネタは成立する。面白いかどうかは別として。いや、別とするなよ。面白くなかったら、成立してる、とはいえないだろう。

30歳くらいの頃、アンタッチャブル柴田に付き合ってもらって、お互いに突っ込むだけのネタをやったことがある。

その時のネタは忘れてしまったが、かなりウケたという、いい思い出だけは残っている。その興奮を今一度味わいたくて、2016年からコロナ前まで行っていた「熊本復興支援チャリティトークライブ」で、何度か後輩芸人の浜ロンに付き合ってもらい、突っ込みだけのネタをやった。

その突っ込みだけのネタを、本に載せてくれないか、というたくさんの声があったので、その一つを、一部修正して載せることにした。文章で読むより、実際にやったライブのほうが面白かったことを、言い訳として記させていただく。

ん？　ホントにたくさんの声があったのか？

刑事「おい、上田。いい加減吐いて楽になったらどうだ？　有田さん殺したの、お前なんだろ？」

上田「**刑事さん、俺何もやっちゃいないですよ**」

刑事「しらばっくれてんじゃねぇ！　ついさっき目撃者が現れたんだよ！　有田さんの家で働いてたお手伝いさんが、全部見てたんだよ！」

上田「……」

刑事「今、その調書が上がってきたんだよ！　えー、何なに、まず夕方6時過ぎにお前は、有田さんの家に呼び出された」

上田「……」

刑事「『急に呼び出すなんてどうした？』とお前が言うと、有田さんは開口一番こう言った、『解散してくれないか』と。そこでお前はこう言った、『いきなりどういうことだよ！　訳を話してくれ』と」

上田「……」

刑事「有田さんは言った、『出会って37年、長かったと言えば長かったし、短かったと言えば短かったな』と。そこでお前はこう言った、『勝手に結論を出すなよ！』

と」

上田　「……」

刑事　「その後二、三のやり取りがあったあと、有田さんが『とりあえず感謝してるよ』と言うと、お前は『もう話し合いの余地はないのか?』と言ったらしいな?」

上田　「……」

刑事　「そこで有田さんが『じゃあな』と言って立ち去ろうとすると、お前はこう言った、『解散の理由を教えてくれ!』と。すると有田さんは『もう何もかもが噛み合わなくなったんだよ』と言って、部屋を出ていこうとした時に、お前は有田さんに向かって『俺たちはいつからこうなったんだ?』と叫び、有田さんの後頭部を、テーブルにあったガラスの灰皿で思いっきり殴りつけた。そして、倒れた有田さんに馬乗りになり、何度も何度もその灰皿で……」

上田　**「刑事さん、もうやめてくれー!」**

刑事　「やっと吐く気になったか!」

上田　**「違う、そんな証言嘘だらけだ!」**

刑事　「何が嘘だ!　お前がやったことはわかってるんだ!」

上田「違う！」
刑事「何も違わない、お前がやったんだ！」
上田「違う、そこじゃない！」
刑事「ん？？？　そこじゃない？？？」
上田「俺は『俺たちはいつからこうなったんだ？』なんて言ってない！『もう何も全然噛み合わなくなったんだよ』って言った有田に対して、『全然噛み合わないって、俺たちはカバの歯か！』って言ったんだ！」
刑事「は？」
上田「刑事さん、信じてくれ！　俺は『俺たちはいつからこうなったんだ？』なんて言ってない。『俺たちはカバの歯か！』って言ったんだ！」
刑事「……。いや、そんなことはどうだっていいんだよ。そんなことよりお前が殺したのかって聞いてるんだよ！」
上田「殺したよ」
刑事「!!」
上田「でも、そんなことはどうだっていいんだ。ほかのところも間違いだらけだ。その証言は嘘だらけだ！『出会って37年、長かったと言えば長かったし、短かったと言えば短かったな』って言った有田に、俺は『勝手に結論を出すなよ！』なんて言ってない！　俺は『どっちなんだよ、古田新太みたいな言い方すんな！』って言ったんだ」

刑事　「？？」

上田　「刑事さん信じてくれ！　俺は『古田新太みたいな言い方すんな！』って言ったんだよ。」

刑事　「……。いや、お前さっきから何言ってんだ？　重要なのは、お前が殺したかどうかであって、やり取りのフレーズなんて別にどうでも……」

上田　「本当なんだ、その証言は嘘だらけなんだ！　裁判でそんなやり取りが公表されて、ムショにぶち込まれるのだけは耐えられねーんだ！　刑事さん頼むよ、最初のところから調書を作り直してくれよ！　俺は、別に死刑になったっていいんだ！　ただ、そんな嘘のやり取りが公になるのだけは耐えられねーんだ！」

刑事　「……、こだわりのポイントがまったく理解できんが、俺たちも嘘の調書作るわけにいかんから、じゃあ最初から確認するぞ」

上田　「刑事さん、ありがとうございます！」

刑事　「えー、まずは夕方6時過ぎに有田さんに呼び出されて、『急に呼び出すなんてどうした？』とお前が言うと……」

上田　「そこから違う！　『急に呼び出すなんてどうした？』なんて言ってない！　俺は『夕方6時過ぎに呼び出されるなんて、俺はそらジローか！』って言ったんだ。それに対して有田が何も言わねーから、『じゃあ木原さんのほうか！』って言ったんだ」

刑事　「……、えー、じゃあそのあとか、有田さんは開口一番こう言った、『解散してくれないか』と。そこでお前はこう言った、『いきなりどういうことだよ！　訳を話してくれ』と」

上田　「違う、『いきなりどういうことだよ！　訳を話してくれ！』なんて言ってない！『いきなりか、こんなにいきなりなのはお前とステーキだけだな！』って言ったんだ！」

刑事　「……、その二つだけではないと思うけどな。まあ、いい。えー、そのあと有田さんは言った、『出会って37年、長かったと言えば長かった……』あっ、これはさっき聞いたな。『どっちなんだよ、古田新太みたいな言い方すんな！』って言ったんだったな？」

上田　**「刑事さん、アンタわかってんじゃねーか」**

刑事　「何に喜んでんだよ！　怖いよ。えーそれから、じゃあ、ここはどうなんだ？　さっきはしょった二、三のやり取り。有田さんが『お前のいちいち言わずにいられない、そういうところに疲れたんだよ！』と言うと、お前は『それに関しては俺が悪かった……』」

上田　**「ハイ、言ってないー！『それに関しては俺が悪かった……』言ってないー！　有田が『そういうところに疲れたんだよ！』って言うから、『そういうところってアバウトだなー、お前はオリンピック100メートル走を日時計で計るタイプか！』って言ったんです。ハイ、次！」**

刑事　「何楽しくなってきちゃってんだよ。えー、そのあと、有田さんが、『しつこいよ』と言ったのに対し、お前は『あっさり受け入れられるわけないだろ！』と言った」

上田　**「ハイ、言ってない、言ってないー！　有田が『しつこいよ！』って言うから**

『わしゃポークリブの豚足ラード添えか！』って言いました！」

刑事　「あー、そうかい、そうかい、じゃあ、ここはなんて言ったんだ？　有田さんが、『白黒はっきりした返事を聞かせてくれ』と言ったのに対して、お前はなんて言ったんだ？」

上田　「『白黒はっきりしてないみたいな言い方すんな！　俺はオセロのコマか！』って言いました！　そのあと、有田が『はいはい、うまいうまい』って馬鹿にした言い方しやがったから、俺は頭にきて自分を抑えられなくなったんだ」

刑事　「それで灰皿で頭を殴ったのか？」

上田　「違う！　『うまい、うまい、って俺はハッピーターンの表面か！』って言ってやったよ！」

刑事　「……、お前はある意味猟奇的だよ」

上田　「そのあと、有田が『もうやる気はない！』って言いやがるから、『やる気がないって、文化祭の次の日か！』って言ったんだ。すると有田が『もうとにかくやる気はない！』って言いやがるから、『何度も同じこと言いやがって、布袋寅泰《ほていともやす》の「ベビベビベイビベイビベイビベイビーベイベェ*」かって言ったんだ！　俺は怒

*森雪之丞・作詞『スリル』より

りを抑えられなかった」

刑事　「どっちかっていうと、冷静だと思うけどな」

上田　「そのあと、有田が『今日解散の記者会見やる』って言いやがるから、『今日？　せっかちだなー、昼間に夜食食べ始めるタイプか！』って言ったんだ。すると有田が『疲れた、疲れたんだよ』って言うから『2回言わなくていいよ！　ジョンソンエンドジョンソンソンか！』って言ったら有田が『もうとにかく疲れたんだよ！』って言うから『疲れるの早すぎるわ、お前はユンケルを大ジョッキで飲め！』って言ってやったよ。そしたら有田が……」

刑事　「もういいから早く殺せよ！」

デザイン……………鈴木大輔・仲條世菜（ソウルデザイン）
校閲……………………石井文雄
DTP……………………三協美術
企画・構成…………古村龍也（Cre-Sea）

くりぃむしちゅー
上田晋也（うえだ・しんや）

1970年5月7日熊本県生まれ。血液型はO型。

ナチュラルエイト所属。お笑いコンビ・くりぃむしちゅーの突っ込みを担当。バラエティ番組にとどまらず、クイズ番組やスポーツ番組など、数多くの番組で切れ味鋭い突っ込みを入れながら活躍中。趣味は、読書、美術鑑賞、映画鑑賞、スポーツ観戦など。

著書に『経験　この10年くらいのこと』『激変　めまぐるしく動いた30代のこと』（いずれもポプラ社）がある。

赤面 一生懸命だからこそ恥ずかしかった20代のこと

2023年11月20日　第1刷発行

著者……………………上田晋也
発行者…………………千葉 均
編集……………………櫻岡美佳
発行所…………………株式会社ポプラ社
〒102-8519　東京都千代田区麹町4-2-6
一般書ホームページ　www.webasta.jp
印刷・製本……………中央精版印刷株式会社

ISBN978-4-591-17788-4　N.D.C. 914　271P　19cm　Printed in Japan

P8008424